AF456164

DOM

THIERRY RUINART

Tiré à 100 exemplaires sur velin,
et à 12 exemplaires sur vergé.

Jules Ruinart del. 1886

P. Ad. Varin sculp.

ÉGLISE D'HAUTVILLERS (Marne)

avec la tombe de D. Thierry Ruinart.

DOM
THIERRY RUINART

(1657-1709)

NOTICE SUIVIE DE DOCUMENTS INÉDITS

SUR

SA FAMILLE, SA VIE, SES ŒUVRES, SES RELATIONS AVEC D. MABILLON

PAR HENRI JADART

SECRÉTAIRE GÉNÉRAL DE L'ACADÉMIE DE REIMS,

CORRESPONDANT DE LA SOCIÉTÉ DES ANTIQUAIRES DE FRANCE

Talis magister, qualis discipulus.

PARIS
H. CHAMPION
Librairie de l'Histoire de France
Quai Malaquais, 15

REIMS
F. MICHAUD
Librairie de l'Académie
Rue du Cadran-Saint-Pierre, 23

M.DCCC.LXXXVI

AU LECTEUR RÉMOIS

⁂

La droiture dans la conduite et la sincérité dans les recherches furent les traits principaux du caractère des anciens Bénédictins de Saint-Maur, ces hommes fervents et exemplaires qui s'acquittèrent partout, avec une égale fidélité, avec un même désintéressement et un même zèle, de leurs obligations envers leur règle et de leurs devoirs envers leur patrie. Aussi ont-ils laissé en France un haut renom de vertu et de savoir qui, après un siècle écoulé, rend encore leur mémoire digne des hommages de la postérité.

La Champagne fut pour eux une terre privilégiée, une pépinière étonnamment féconde, d'où sortirent une pléiade d'érudits. Installés à Reims et dans les environs, aux premiers jours des réformes inaugurées au début du XVIIe siècle, ils possédèrent les célèbres abbayes de Saint-Remi et de Saint-Nicaise, celles de Saint-Thierry et de Saint-Basle, le prieuré de Rethel, asiles de piété et de science où se recrutèrent souvent les grands monastères parisiens. C'est de là que sortirent, entre tant d'autres, Jean Mabillon et Thierry Ruinart : le premier, Rémois de pays, Remensis, *comme on disait autrefois ; le second, Rémois de cité,* Remus, *né dans la ville, de parents qui en étaient originaires. On ne doit pas séparer, écrivait D. Thuillier en tête de leurs œuvres posthumes, deux hommes, enfants de la même province, qu'une tendre et constante amitié avait si étroitement unis. C'est pourquoi il convient, après avoir honoré D. Mabillon dans son village natal en 1878, de retracer également à Reims les titres glorieux de D. Ruinart, sinon sur la maison paternelle que nous ne connaissons plus, du moins sur les murailles de l'antique monument, témoin de son enfance et de sa vocation. L'église Saint-Remi, où il fut admis comme novice, presque à sa sortie de l'Université, était naturellement désignée pour recevoir cette inscription commémorative.*

Au surplus, l'heure est vraiment opportune pour raviver la douce figure de D. Ruinart, au moment où l'un des maîtres de l'érudition contemporaine étudie les Actes des premiers martyrs, pour en agrandir le cadre selon les nouvelles données de la critique. N'a-t-on pas revisé Grégoire de Tours, en rendant justice à son fidèle annotateur ? Ne vient-on pas aussi de remettre en honneur le pape des Croisades, Urbain II, dont le pieux Rémois écrivit scrupuleusement la vie ? Les œuvres de l'érudit vivent donc toujours autant que les mérites du religieux, et, à tous ces titres, il y avait urgence à lui décerner un témoignage de gratitude dans sa ville natale. Rien n'eût mieux répondu au vœu et à l'initiative de l'Académie de Reims en cette circonstance, que de mettre au jour la correspondance entière et d'approfondir tous les ouvrages de D. Ruinart. La tâche serait longue et difficile à mener à terme avec nos seules ressources, car les précieux papiers qui renseignent sur ses travaux se conservent à Paris, où nous n'avons pu que glaner quelques pièces éparses. Toutefois, en les réunissant à d'autres documents extraits des archives de Reims, nous avons pensé pouvoir les présenter utilement à ses compatriotes ; nous les offrons, en premier lieu, aux souscripteurs du modeste monument, qui rappellera désormais à tous, aux Rémois comme aux étrangers, un nom justement honoré dans l'Eglise, une pure illustration de la patrie et des lettres françaises.

H. JADART.

Reims, le 13 Janvier 1886.

« *Et hoc oro ut charitas vestra magis ac magis abundet in scientiâ et in omni sensu, ut probetis potiora, ut sitis sinceri et sine offensa......* »

Epist. B. Pauli ad Philipp., I, 9 et 10.

PREMIÈRE PARTIE

NOTICE SUR DOM RUINART

CHAPITRE Ier

ORIGINE RÉMOISE ET FAMILLE DE DOM RUINART

L'église collégiale et paroissiale de Saint-Timothée, consacrée au culte des premiers martyrs de Reims, était l'un des sanctuaires les plus vénérés de ce quartier haut de la ville que Mabillon appelait le quartier des basiliques ; située à mi-chemin entre Saint-Remi et Saint-Nicaise, contiguë à Saint-Martin qui recouvrait un caveau décoré de peintures antiques, voisine de Sainte-Balsamie où l'on montrait les ossements des confesseurs de la foi, c'était bien l'édifice qui convenait pour abriter l'enfance du futur antiquaire (1). Il y fut baptisé le

(1) Cette église a été détruite à la Révolution, sans qu'il en subsiste de traces. Son portail ouvrait sur la rue des Créneaux, à peu de distance de la fontaine surmontée d'une inscription à la mémoire de J. Godinot. Les détails sur les autres églises ont été consignés par D. Ruinart dans une description fort intéressante de l'ancien Reims, *Itinéraire d'Alsace*, Œuvres posthumes, t. III, p. 491 et *Abrégé de la vie de Mabillon*, p. 16.

11 juin 1657, comme le constate cet acte, qui n'est revêtu d'autre signature que de la marque du parrain :

Le unziesme jour du moys de juing mil six cens cinquante sept a esté baptizé Thiery Ruinart, filz de Mathieu Ruinart, la mère Catherine Bernart, le parin Thiery Gastinois, la marine Jacquette Gastinoys, le parin a seigné (1).

Ce nom de Ruinart, qui devait acquérir à Reims une si haute fortune, était porté au xve siècle par un foulon de drap, Collesson Ruynart ; ce bourgeois fut compris au nombre des seize Rémois envoyés par ordre de Louis XI à Arras, pour y infuser le sang français parmi les races flamandes (2). Nous retrouvons ce même nom porté au xvie siècle par des laboureurs de Beine, par des étaminiers d'Epoye et par des fabricants de Reims.

Le père du bénédictin, Mathieu Ruinart, fut mis, le 18 octobre 1638, en apprentissage chez un sergier, par sa mère, Symonne Harmonville, veuve d'Antoine Ruinart.

Devenu maître quelques années plus tard, il épousa Catherine Bernard, fille de Jean Bernard et de Claude Fetizon, dont il eut neuf enfants, deux filles et sept fils, parmi lesquels Thierry figurait au sixième rang. Le chef de cette nombreuse et active famille est qualifié tantôt *marchand*, tantôt *rouleur et retendeur de serges et estamines* ; il exerçait encore cette profession en 1672, et habitait alors dans la rue Sainte-Marguerite, quand il maria sa fille Marie à Claude Duval, en lui baillant 2,500 livres en deniers clairs, habits nuptiaux et sa part des frais du banquet. Ses affaires avaient prospéré ; il

(1) *Etat-civil de Reims*, registres de Saint-Timothée, 1657. — Le nom donné à l'enfant est celui d'un saint du pays rémois, disciple de saint Remi et fondateur de l'abbaye de Saint-Thierry, au Mont-d'Hor. *Acta Sanctorum Ord. S. Benedicti*, t. I, p. 614.

(2) *Mémoires de Jean Rogier*, mss. de la bibl. de Reims, C. f° 230.

avait pu acquérir une maison dans le centre de la ville et agrandir ses propriétés de Beine et de Vaudesincourt. En 1675, il établit son second fils, Nicolas, et se l'associa pour neuf années en vue d'étendre son commerce d'étoffes *d'étamines, de droguettes,* et *de razes*. L'année suivante, Nicolas Ruinart épousait Barbe Misson, fille de Nicolas Misson et sœur de D. Pierre Misson, l'un des bénédictins de Saint-Remi avec lequel Mabillon était en correspondance (1).

Tel était le milieu où grandit Thierry Ruinart, animé par une vive et constante affection pour les siens dont il conserva un profond souvenir. Il avait un oncle chanoine régulier ; l'un de ses frères, Jacques, suivit comme lui une vocation religieuse : il était bachelier en théologie en 1687 et voulait se placer comme précepteur, mais Mabillon lui conseillait d'entrer à l'Oratoire. Sa correspondance n'indique pas ce qu'il devint, bien qu'elle soit remplie de renseignements sur les autres membres de la famille, notamment sur Nicolas Ruinart, qui était, en 1709, « grand garde des marchans ou fabriquans de Reims » et au sujet duquel Daguesseau écrivit deux lettres au bénédictin. D. Ruinart avait aussi, d'après les recherches de M. Bordier, une sœur religieuse à Braine en 1699, et deux nièces au couvent de la Merci-Dieu en 1708, tandis que l'un de ses neveux était novice à l'abbaye de Clairvaux (2).

(1) Nous avons groupé en appendice tous les documents d'état-civil, suivis d'un tableau généalogique auquel nous renvoyons le lecteur. Nos recherches ont eu lieu dans les archives publiques, mais la famille possède aussi des papiers intéressants et inédits.

(2) *Biographie Didot*, t. 42, col. 893. Les papiers de D. Ruinart au cabinet des manuscrits de la Bibliothèque nationale, Fr. 19,666, contiennent plusieurs lettres de ses proches : l'une au fol. 5, signée *Ruinart*, est une longue dissertation sur des thèses théologiques ; — l'autre au fol. 292, datée de Sainte-Ménehould, fut écrite au béné-

Cette large contribution prélevée par les vocations religieuses, n'empêchait pas les autres branches de la famille de multiplier à Reims leurs nombreux rejetons. La mère de D. Thierry, Catherine Bernard, mourut à l'âge de 63 ans, et fut inhumée au cimetière de Saint-Denis, le 19 septembre 1685 (2); son père atteignit l'âge de 85 ans, et mourut dans sa maison de la rue du Barbâtre, appelée *la ville d'Amboise*, sur la paroisse Saint-Martin; ses obsèques y furent célébrées le 30 mars 1702, en présence de son fils Nicolas et de son gendre Claude Duval.

La maison où pendait jadis pour enseigne *la ville d'Amboise*, subsiste toujours au n° 171 de la rue du Barbâtre, vaste immeuble dont les dépendances atteignent la rue Ponsardin. Le propriétaire actuel, M. Grangé, nous a communiqué le contrat du 7 décembre 1666, par lequel Mathieu Ruinart en fit l'acquisition de de la veuve Simone Romain, moyennant 3,000 livres en louis d'or. La façade a conservé la corniche et les ouvertures du XVIIe siècle ; on remarque sous le chartil une petite porte du XVIe siècle, surmontée d'un arc en accolade ; le corps de logis sur la cour est garni d'une corniche à modillons, mais il a été remanié à l'intérieur, où l'on remarque encore une belle plaque de style Louis XIV dans une cheminée du rez-de-chaussée. Cette maison n'est pas le lieu natal de D. Ruinart, mais elle

dictin par une de ses nièces ; elle y parle d'une lettre que D. Mabillon lui envoya peu avant sa mort.

(2) A l'occasion de cette mort, D. Germain écrivit à D. Ruinart deux lettres très affectueuses, datées de Rome les 15 et 17 octobre 1685 : « Je vous promets, lui disait-il, de continuer à prier pour madame votre mère, comme j'ay fait pour la mienne propre. Je la crois plus aise que vous et moy; sa vertu et sa persévérance dans le bien me suggère cette espérance. » (*En copie à la BB. de Reims*).

fut pour lui la maison paternelle, la demeure où s'écoula en partie sa jeunesse et où revint mourir son vieux père.

La descendance de cette honorable famille se continua par Nicolas Ruinart, neveu du bénédictin, qui épousa, en 1728, Marie Saubinet, et par leur fils, Claude Ruinart, qui épousa, en 1764, Hélène Tronsson. Ce fut lui qui, après avoir rempli diverses charges publiques, notamment celle de conseiller de ville, acquit en 1772 la seigneurie de Brimont et joignit au nom si respecté de sa famille celui de ce village, sous lequel une branche est maintenant plus communément désignée (1). Le fils de Claude Ruinart fut le vicomte Jean-Irénée Ruinart de Brimont, né en 1770, maire et député de Reims sous la Restauration, qui poursuivit jusqu'à la génération contemporaine la tradition d'honneur acquise à Reims par ses laborieux ancêtres. Le commerce des vins, celui des tissus, la défense et le soulagement des classes laborieuses, la bonne gestion des affaires publiques, voilà les titres des petits-neveux de D. Ruinart à la gratitude et à l'estime de leurs compatriotes (2).

(1) Commune rurale à 2 lieues N. de Reims, canton de Bourgogne. — Le domaine de la famille de Brimont est situé au bas et en dehors du village ; la chapelle est ornée d'anciens vitraux ; le parc contient diverses sculptures gallo-romaines.

(2) *Mémoires historiques sur Reims*, par Lacatte-Joltrois, 3e partie, *Biographie rémoise*, fos 465 et 615. Mss. de la Bibl. de Reims. La famille Tronsson donna le jour à Louis Tronsson, supérieur de Saint-Sulpice, et à Tronsson du Coudray.

CHAPITRE II

VIE DE D. RUINART, SES RELATIONS AVEC D. MABILLON, SES TRAVAUX.

La vie de D. Ruinart fut celle du parfait religieux et s'écoula sans autres incidents que le travail en commun et la publication de ses œuvres personnelles. Nous ne connaîtrons jamais toute la part de collaboration qu'il apporta aux travaux de ses confrères, car cette tâche immense ne pourrait être révélée que par la mise au jour intégrale de la correspondance bénédictine. Il nous suffit de savoir que sa carrière lui permit d'associer son nom à celui de Mabillon, et de participer ainsi à la féconde activité de ce héros de l'érudition (1).

Né à Reims, comme nous l'avons vu, au mois de juin 1657, il fut élevé par ses parents dans les habitudes de piété et de vertu qui étaient la règle constante des anciennes familles. Son instruction ne fut pas moins soignée que son éducation : à l'âge de neuf ans, en 1666, il commença ses études classiques au collège de l'Université de Reims, dans cette maison des Bons Enfants, depuis longtemps chère aux Rémois et d'où était sorti Jean Mabillon quelques années plus tôt. Il parcourut avec succès le cours des humanités et fut reçu maître ès arts en 1674. Il était déjà à ce moment consacré au service de l'Eglise par la tonsure cléricale, mais

(1) Pour en donner un témoignage public, Mabillon voulut que le nom de D. Thierry fût ajouté au sien en tête des deux tomes des *Actes des Saints Benédictins* parus en 1701.

la vie séculière elle-même lui déplut, et il entra au noviciat des Bénédictins de Saint-Remi le 2 octobre de cette même année 1674. Sa vocation était précoce, car il venait à peine d'atteindre sa dix-huitième année, ce qui ne nuisit en rien à la maturité de ses résolutions et à leur persistance (1).

Il prenait l'habit religieux dans l'abbaye de Saint-Remi le 18 octobre 1674, et, bien que dans l'intervalle le noviciat eût été transféré à Saint-Faron de Meaux (2), il faisait sa profession au jour anniversaire de son entrée dans l'ordre, le 19 octobre 1675 (3). Il passa, tant à Meaux qu'à Lagny, deux années entières dans la pratique des exercices spirituels prescrits par la règle aux jeunes profès, et il fut envoyé ensuite à l'antique monastère de Saint-Pierre de Corbie, où Mabillon, lui aussi, avait séjourné dans sa jeunesse. Après avoir étudié pendant quatre ans la philosophie et la théologie au sein de cette retraite studieuse, il fut appelé à Paris en 1682 pour être attaché à Mabillon, et ne plus quitter Saint-Germain-des-Prés, le centre des études, le rendez-vous

(1) « Mundi vix sibi noti pertæsus, de sanctiori azylo, ubi innocentiam tutaretur, cogitare, monasterium S. Remigii adire, ut admitteretur omnibus precibus contendere... Cujus morum puritas et vitæ innocentia, fervens pietas, egregiæ animi dotes, ingenium acre, judicium ætate majus, qualis in adulta ætate futurus esset, satis portendebant. » D. Massuet, *Annales Ord. S. Benedicti*, t. V, p. XXXIV.

(2) Abbaye fondée au VIIe siècle par saint Faron, évêque de Meaux. *Gallia Christiana*, VIII, 1688. — *Les Moines d'Occident*, liv. IX, ch. IV et V.

(3) « Prioris ac monachorum utriusque monasterii conspirantibus suffragiis ad professionem facile admissus est die 19 oct. 1675. » Nous suivons la date donnée par D. Massuet et par D. Tassin, quoique le 3 octobre soit indiqué dans la 2e *Matricule des profès de la congrégation de Saint-Maur*, Bibl. de Reims, p. 40.

des hommes d'élite de la congrégation de Saint-Maur (1).

Dès lors, il avait atteint la plénitude de sa mission littéraire, qu'il poursuivit durant vingt-sept années, sans démentir un instant sa ferveur religieuse et son admirable fidélité à la règle. Rien de plus touchant que ses premières relations avec Mabillon, telles qu'il les décrivit lui-même plus tard avec un naïf abandon : « Au commencement, dit-il, que j'eus le bonheur d'être auprès de luy, il crût qu'il étoit à propos que je m'appliquasse pendant quelque temps à apprendre la langue grecque, et pour ce sujet, il ne se contenta pas de donner luy-même tous les jours quelque chose de son temps à cela, comme il faisoit pour mes autres études ; il eut encore soin de faire venir au monastère un maître du dehors pour m'en faire donner des leçons. Mais je fus bien étonné, soit qu'il fit cela pour m'encourager, soit qu'il crût effectivement qu'il en pourroit profiter, de le voir venir luy-même assiduëment écouter ce Maître, lire à son tour l'auteur que nous voyions, en expliquer les phrases et les mots, et en rapporter les racines, comme s'il eut été effectivement un écolier. Il paroissoit pour lors sur son visage une certaine joie que je ne puis exprimer,mais qui étoit une marque sensible de la satisfaction que son cœur ressentoit dans cet exercice d'humilité (2). »

Les relations de disciple à maître engendrent aisément l'affection ; elle fut complète entre D. Jean et D. Thierry : « J'ai eu le bonheur, écrivait ce dernier,

(1) « Mabillonius magnæ spei juvenem quærebat quem in laborum partem vocare posset..... Egregiæ Ruinarti animi dotes, quas ex fama didicerat, animo statim cum obvenissent, hunc sibi dari studiorum socium et participem Superiores rogavit facileque obtinuit. » D. Massuet, *Ibidem*.

(2) *Abrégé de la vie de Mabillon*, p. 185.

d'avoir esté élevé dès ma jeunesse auprès de ce saint religieux et d'avoir esté prez de vint-six ans le témoin de toutes ses actions (1). » On devine tout ce qu'il résulta de cette heureuse intimité pour une collaboration si étendue et si profitable à la science française.

Si D. Ruinart n'ignora rien des recherches de Mabillon, il fut loin d'être le témoin de tous ses voyages ; il ne l'accompagna pas dans les deux plus considérables, celui d'Allemagne en 1683 et celui d'Italie en 1685. Au cours de ces longues absences, la sollicitude de l'un à l'égard de l'autre fut très empressée et très tendre, leurs lettres en font foi (2). Comme pour dédommager le fidèle Thierry de son isolement durant les grandes explorations à l'étranger, ses supérieurs lui permirent de suivre son maître dans la plupart de ses voyages annuels en France, soit à Reims en de nombreuses circonstances, soit à Tours et à Angers en 1698, soit à Clairvaux en 1701, soit en Alsace et en Lorraine en 1696. Cette dernière tournée littéraire eut un tel charme pour D. Thierry qu'il tint la plume afin d'en décrire les résultats, et son *Itinéraire*, inspiré de ceux de Mabillon, peut être considéré comme l'une de ses œuvres de choix (3).

Que dirons-nous ensuite de ces longues et paisibles

(1) *Ibid.*, p. 5.

(2) Voir à l'Appendice la lettre de Mabillon datée de Turin le 5 avril 1685. — Il écrivait de Rome à Ch. Bulteau le 31 juillet suivant : « Je vous recommande toujours D. Thierri ; je suis marri de lui avoir donné quelque petit sujet de chagrin ; il doit être persuadé de ma disposition à son égard, encouragez-le toujours, je vous prie... ». — D. Estiennot écrivait de son côté à D. Ruinart : « Je ne sais pas ce que le P. Mabillon vous mande, mais je suis fort persuadé qu'il vous chérit, et vous devez l'être. » *Correspondance inédite*... par Valery, t. I, p. 88 et 92.

(3) *Œuvres posthumes*, t. III, p. 411.

périodes qui virent le studieux concours de ces deux associés sous les cloîtres et dans la bibliothèque de Saint-Germain-des-Prés? Leur assiduité dans l'étude des manuscrits n'eut de comparable que leur égale dévotion au cours des exercices réguliers et des offices liturgiques. L'un et l'autre avaient cette piété simple et forte des âges de foi pratique et sincère, fuyant l'ostentation et les apparences inusitées, recherchant ce calme de la conscience qui résiste à l'exaltation des sens comme aux troubles du cœur; il nous semble que l'on ne peut trop louer cette noble et franche piété, vraie fille de l'Evangile, au contact de laquelle notre siècle devrait se retremper. Aussi, dans les ouvrages de D. Ruinart, pas plus que dans sa conduite, on ne rencontre ni manifestation bruyante, ni crédulité puérile, ni défi hautain à ses adversaires. Il dut pourtant lutter du vivant de Mabillon, comme nous le verrons en parcourant ses œuvres, et lutter encore après sa mort pour maintenir la pleine intégrité de ses découvertes et de son caractère. Heureux et rare assemblage de vertus, qui permit au disciple d'avoir une personnalité tout en servant un maître! Le secret de cette élévation d'âme, c'est que le disciple, suivant le conseil évangélique, ne se mit point au-dessus du maître, mais qu'il s'efforça simplement d'en reproduire les qualités morales et devint ainsi parfait lui-même (1).

Le caractère de D. Ruinart offrait un mélange de douceur et de discrétion qui se retrouve dans ses ouvrages comme dans les habitudes de sa vie. Simple de mœurs, nullement aventureux, sincère jusqu'au scrupule, il

(1) *Non est discipulus super magistrum; sed omnis perfectus erit, si sit sicut magister ejus.* Ce texte de S. Luc nous a paru si bien résumer le caractère de D. Ruinart que nous l'avons fait graver au bas de son monument à Saint-Remi.

n'avait pas l'expansion, la fougue de D. Germain ; il avait parfois l'âme triste, et Mabillon aimait à lui recommander souvent de se tenir gai, de se récréer, pour maintenir son esprit dans le juste équilibre des facultés intellectuelles (1). Mais jamais cette tristesse ne tourna à l'acrimonie, et son zèle fut tempéré comme l'état de son âme. Il semble que pendant sa vie comme après sa mort, D. Thierry se soit constamment réfugié dans l'asile inviolable de sa tranquille et sainte humilité. C'est à ce prix qu'il remplit sa mission au sein de cette illustre congrégation bénédictine, dont le but était précisément de montrer « comment la critique peut naître du sein même de l'Église, et dans la pratique la plus exacte de toutes les vertus ascétiques (2). »

D. Ruinart fut très versé dans l'étude des antiquités, et il aimait à en scruter les monuments, les tombeaux et les inscriptions (3). Il décrivit les principales curiosités de l'abbaye de Saint-Germain-des-Prés, ce qui l'amena à une supériorité incontestable dans l'interprétation des anciens auteurs au sujet des origines chrétiennes ou de nos origines nationales, aussi bien sur les Actes des Martyrs que sur Grégoire de Tours. La critique historique a fait d'immenses progrès, mais la profondeur du travail de l'humble bénédictin est irrécusable aux yeux des maîtres contemporains, comme nous le verrons en passant en revue ses ouvrages. Malgré sa science, et peut-être même à cause d'elle, D. Thierry fut étranger et presque insensible aux choses

(1) Lettres du 20 avril 1685 et du 10 octobre 1693, reproduites à l'Appendice.

(2) H. Bordier, *Livre des miracles de Grégoire de Tours*, 1857, t. I, p. XXXVIII.

(3) *Description de Paris*, par Piganiol de la Force, 1742, t. VII, p. 7, 8, 30, 58.

de son époque. Il dut guider à Paris et aux environs un religieux italien que D. Mabillon lui adressa au cours de son voyage à Rome, et voici en quels termes il lui rendit compte de sa mission de *cicerone* : « Je menay jeudi dernier, écrivit-il le 1er avril 1686, votre religieux italien à Saint-Denis. Il est allé à Versailles ; il n'a pas besoin de conducteur pour lui faire voir Paris ; il en a plus veu luy seul en un jour que je n'en verray peut-être jamais. » Ce seul mot, prononcé sans ostentation comme sans regret, peint d'un trait la vie d'abnégation de ces vrais savants qui traversaient les splendeurs du règne de Louis XIV, sans songer seulement à porter le regard au-delà des murs de leur couvent. D. Ruinart habitait Paris depuis quatre ans, ajoute M. Bordier qui relate ce fait, et il avait près de vingt-neuf ans lorsqu'il traçait ce pronostic que la suite de sa vie ne démentit pas. On ne trouverait, en scrutant les détails de sa correspondance, que de bien légères infractions à ses habitudes de retraite et de modestie (1). En vain recevait-il, dans les lettres écrites soit à son maître, soit à lui-même, par les principaux savants de l'Europe, d'innombrables marques de la plus légitime déférence, il n'en fut ni ému ni flatté. Mais personne ne fut plus sensible que lui aux témoignages d'une affection sincère (2). Lors de la mort de Mabillon et dans l'intérêt de sa mémoire, D. Thierry resserra sa correspondance avec tant d'illustres personnages qui lui adressèrent, en réponse, d'affectueuses et courtoises condoléances. Le deuil de D. Ruinart, lorsqu'il perdit son maître, fut l'objet de consolations telles

(1) *Nouvelle Biographie générale*, Didot, t. 42, col. 892.

(2) L'abbé de Louvois fut un des amis fidèles de nos bénédictins ; lire les deux lettres qu'il adressait, en 1701, à D. Ruinart, relativement à une maladie de Mabillon. *Camille Le Tellier de Louvois*, par l'abbé J. Gillet, 1884, p. 153.

qu'on en prodigue à un fils à la mort de son père (1). Les démonstrations les plus pressantes vinrent de la petite cour des exilés anglais de Saint-Germain-en-Laye : le feu roi Jacques II estimait vivement les bénédictins, le duc de Perth avait conservé ses relations, et ce fut son insistance qui décida D. Ruinart à mettre au jour la Vie de Mabillon. Des évêques, des magistrats, des hommes d'Etat, s'associèrent à ce concert d'éloges, confondant dans une commune estime le maître et le disciple, qui lui aussi, malgré son humilité, marchait presque de pair avec les plus célèbres représentants de l'érudition française (2).

Il est un détail que nous aurions voulu approfondir, et que nous relatons sur la foi de M. Bordier, c'est que D. Thierry obtint, vers 1701, un petit bénéfice, le prieuré de Saint-Blaise, près Noyon (3). Nous n'avons pu découvrir dans quelles circonstances et dans quel but le moine exemplaire et désintéressé aurait accepté cette faveur, mais nous devons en rapprocher cette confidence qu'il divulgua au sujet d'une faveur analogue proposée jadis à Mabillon : « Il y a environ deux ans qu'une personne d'un rang distingué, qui cherchoit quelque occasion de lui témoigner son estime, voulut encore le tenter sur ce sujet, et le pria de vouloir bien souffrir qu'on luy fit une pension pour luy et pour son compagnon. Il me

(1) Voir en appendice, quinze de ces lettres, les unes fort touchantes, les autres fort instructives.

(2) D. Ruinart travailla pour Bossuet, ainsi que Mabillon l'en félicitait en 1686 : « Je suis bien aise que vous travailliez pour Monseigneur de Meaux ; obligez-moi de lui présenter mes très humbles respects. » *Bibl. nat.* Fr. 19,639, f° 100.

(3) *Biographie Didot*, t. 42, col. 893. Nous n'avons pas trouvé ce prieuré dans le *Pouillé de la province de Reims*, par Aillot, ni dans le *Monasticon gallicanum*. Ce ne serait donc pas un bénéfice régulier.

donna la lettre de cette personne à lire, et me dit ensuite : Hé bien, que pensez-vous de cela ? Vous pourrez faire ce qu'il vous plaira ; pour moy vous sçavez qu'il y a long-temps que j'ay pris mon parti. Et lorsque je luy eus répondu, que je n'avois point d'autre sentiment là-dessus que le sien, il m'embrassa avec une tendresse qui faisoit assez paroistre combien cela luy étoit agréable, et il me dit de penser sérieusement à ce que j'avois à faire en cette occasion. Il ajoûta aussitôt ; je ne vous gesne point, vous pouvez avoir vos raisons, mais souvenons-nous toûjours de nôtre profession. Dieu est nôtre Père, il ne nous manquera pas, mettons toute nôtre confiance en luy (1). » Quoi qu'il en soit de cet incident, la vie régulière de D. Ruinart reste intacte et à l'abri de tout reproche de courtisanerie ou de jouissance mondaine.

(1) *Vie de Mabillon*, p. 89.

CHAPITRE III.

DERNIÈRES ANNÉES DE D. RUINART, SA MORT.

Si la vie de Mabillon tint une si grande place dans celle de son ami, sa mort brisa, pour ainsi dire, les ressorts de son âme, et le conduisit en deux ans au tombeau. Il le veilla et l'assista dans ses derniers moments, il recueillit ses lettres, remplit ses volontés et poursuivit ses entreprises, mais un mal profond l'avait envahi, suite naturelle de sa juste douleur. Qui pourrait, en lisant ces détails véridiques, accuser l'existence monacale de détruire chez les hommes les sentiments humains, la vie du cœur et la véritable affection? D. Thierry resta fidèle au génie qui avait été son initiateur et son guide ; il avait contribué plus que personne à faire continuer par Mabillon les *Annales Bénédictines*, qui étaient à ses yeux son œuvre capitale. Lui-même poursuivit ce labeur avec l'opiniâtreté du savant qui s'acharne au succès du travail compromis. Il avait perdu son maître le 27 décembre 1707, et il ne cessa de travailler pour lui, comme s'il eût encore été à ses côtés (1).

Cinq mois avant sa mort, le 5 mai 1709, D. Ruinart, rendant compte de ses travaux à Magliabechi, lui écrivait : « Je viens d'achever l'impression de la vie de Dom Jean Mabillon... Depuis la mort de ce grand homme, j'ai tâché de travailler sur ce qu'il a laissé d'ouvrages, et malgré les malheurs des temps qui inter-

(1) Tome V des *Annales bénédictines*, qui vit le jour en 1713, par les soins de D. Massuet.

rompent tout le commerce, j'ai achevé la seconde édition du gros livre *De re Diplomatica* qui se distribue depuis quelque temps. Je commence l'impression du cinquième volume des Annales de l'ordre de S. Benoît, et je travaille à continuer la suite de ce grand ouvrage. On va réimprimer à Amsterdam, en Hollande, *Acta Martyrum* que j'ai autrefois fait imprimer à Paris ; on doit faire cette seconde édition in-folio (1). » Tels furent ses derniers projets.

Au mois d'août 1709, sans souci de son chagrin et de sa santé, il partit pour la Champagne, à la recherche de nouveaux documents, ce qui lui procura l'occasion d'un utile séjour à Reims. Il quitta sa ville natale pour regagner Paris dans les premiers jours de septembre, et fit une station au monastère d'Hautvillers, abbaye fameuse par son site agréable et ses mémorables origines. Déjà, en 1696, treize ans plus tôt, il en avait parcouru les cloîtres et fouillé les archives, se louant de l'hospitalité de ses confrères de la congrégation de Saint-Vannes (2). Là devait être sa dernière demeure, sur le seuil même de son pays d'origine (3).

A peine avait-il gravi le coteau d'Hautvillers, dont il avait naguère si volontiers respiré l'air salubre et goûté les généreux produits, qu'une fièvre intense le saisit, et qu'il dût réclamer un lit et les secours nécessaires à un

(1) *Correspondance inédite*, par M. Valery, t. III, p. 194.

(2) « Transmissa Matrona, montem conscendimus, in cujus fere summo cacumine situm est Altivillarense cenobium Ordinis nostri, anno 1638 congregationi Sancti Vitoni addictum. Huc paulo ante meridiem appulsi, sumus a R. P. Priore cœterisque ea caritate et humanitate excepti, qua suos hospites solent, seu qua nulla major esse potest. » *Itinéraire d'Alsace* dans les *Œuvres Posthumes*, III, 418.

(3) *L'abbaye d'Hautvillers, ses sépultures, la tombe de D. Ruinart*, notice dans le *Bulletin Monumental*, t. LII, 1886.

malade. Aucun remède ne lui fut refusé, les médecins de Reims furent appelés, les soins les plus dévoués lui furent prodigués nuit et jour (1). Quant à lui, obéissant au prieur du lieu comme à son propre supérieur, plein de foi et de résignation, il chercha son repos et son espérance en Dieu seul, sollicitant les sacrements de l'Eglise, et se faisant lire les offices tels qu'on les chantait au chœur. Après une lutte contre la mort qui dura dix-sept jours à peine, il rendit l'âme à Dieu, le 27 septembre 1707, et fut inhumé le surlendemain au milieu de la grande nef de l'église abbatiale. Sa tombe, recouverte d'une modeste inscription, s'est conservée jusqu'à nos jours, à cette même place d'honneur, sans essuyer les outrages qui troublèrent ailleurs tant d'illustres sépultures. La Champagne devait bien à D. Ruinart la paix dans son tombeau (2). Détail curieux à signaler dans l'histoire de cette sépulture, c'est qu'on trouva en creusant le caveau définitif, au mois d'octobre 1729, une épitaphe du xe siècle, celle de Rotmar, abbé d'Hautvillers, mort en 952, dont on ignorait la qualité et les actes. Ainsi D. Ruinart provoquait après sa mort une nouvelle découverte dans le champ de l'érudition qu'il avait tant cultivé, et le texte mis au jour à son occasion fut immédiatement signalé à ses studieux confrères, et inséré par eux dans le *Gallia Christiana*, avec un légi-

(1) D. Placide Aubry était alors trésorier de l'abbaye, et Gaston de Noailles, évêque de Châlons, l'abbé commendataire. Les documents sur cette hospitalité si touchante ont été recueillis par D. Massuet, sous ce titre : *Altivillarensium monachorum singularis in Ruinartum humanitas*, notice, XL.

(2) L'église abbatiale sert aujourd'hui de paroisse. *Histoire d'Hautvillers*, par l'abbé Manceaux, t. III, p. 55. — L'épitaphe a été renouvelée en 1823, par les soins de M. Thierry Ruinart de Brimont, suivant le texte donné plus loin. Les lettres en sont coulées en plomb.

time témoignage de gratitude pour sa mémoire vénérée (1).

Nous n'ajouterons à ce récit que trois documents qui le complètent. Le premier est l'éloge que D. Massuet fit de son devancier, à la fin de sa notice citée plus haut et dont toutes les autres ne furent que l'écho ; elle résumait d'ailleurs tous les mérites de D. Thierry :

« Sic vitam finivit doctissimus ac piissimus noster Theodericus Ruinart, præclaris, quibus Ecclesiam illustravit, ingenii sui monumentis toto orbe celebris, sed insigni pietate, morum puritate, regularis vitæ studio, animi candore, singulari comitate, humilitate sincera, aliisque christianis ac monasticis virtutibus magis adhuc quam eruditione commendandus, et ut verbo plura complectamur, totus ad Mabillonii, magistri sui, mores et præscriptum effictus. Sic enim litterarum studiis indefessus vacavit, ut nihil umquam optimi ascetæ officiis decesserit, de quibus vel inter ipsas itinerum molestias, aut valetudinis incommoda nihil quidquam, quantum voluit, remissum voluit. »

En voici la traduction : « Ainsi termina sa carrière notre savant et pieux confrère, célèbre dans le monde entier par les grands travaux dont il enrichit l'Eglise, mais surtout digne de mémoire et d'éloge pour sa haute piété, la pureté de ses mœurs, le zèle de sa vie régulière, la candeur de son âme, la politesse de ses manières, la sincérité de sa modestie, et tant d'autres vertus chrétiennes et monastiques. Pour tout dire en un mot, il reproduisit en lui l'image fidèle de Mabillon, son maître et son modèle. Comme lui, il se livra avec un zèle infatigable aux plus grandes entreprises littéraires, sans rien négliger des devoirs d'un parfait religieux, qu'il sut remplir, autant qu'il put, au milieu des traverses des voyages et des douleurs de la maladie. »

(1) « Eo loci repertum est ejus (Rotmari, abbatis anno 952) epitaphium IV cal. Novembr. anno 1729, dum foderetur sepulcrum Ruinartis nostri, qui ibidem diem supremum obiit. » *Gallia Christiana,* t. IX, col 254.

Les deux autres pièces ne sont pas moins authentiques et fidèles ; l'une est la mention consacrée à D. Ruinart dans le Nécrologe de Saint-Germain-des-Prés, où l'on trouve le souvenir d'un ami, l'expression dernière d'un cœur dévoué.

DOM THIERRY RUINART.

« Le 27 septembre 1709 est mort dans l'abbaïe de Saint-Pierre de Hauvillers, de l'ordre de S. Benoist, congrégation de St-Vannes, Dom Thierry Ruinart, religieux de ce monastère de Saint-Germain-des-Prez ; né à Rheims, d'une honneste famille, il prit l'habit dans l'abbaye de Saint-Remi de la mesme ville, au mois d'octobre 1674, et fit profession le 29 octobre de l'année suivante, dans l'abbaye de Saint-Faron de Meaux, où le noviciat avoit été transféré. Il seroit inutile de rapporter ici ce qu'on a écrit plus amplement dans le livre des choses mémorables arrivées dans ce monastère, du mérite, des bonnes qualités, de l'érudition des ouvrages et du détail de la vie de ce digne élève du célèbre Dom Jean Mabillon. Après la mort de ce grand homme, il s'étoit trouvé chargé de la continuation de ses ouvrages et particulièrement des Annales de l'ordre de Saint Benoist. Après avoir disposé toutes choses pour son dessein, il crut qu'avant de prendre la plume il étoit nécessaire de faire encore un voyage en Champagne, pour visiter plus exactement les archives et les églises de cette province. Il partit de Paris sur la fin du mois d'aoust et travailla pendant tout son voyage et son séjour à Rheims, infatigablement à recueillir tout ce qu'il jugeoit nécessaire. S'étant mis en chemin pour revenir à Paris, il passa par l'abbaye de Saint-Pierre de Hauvillers où aussitôt il tomba malade d'une fièvre continue, avec des redoublemens violents, après avoir résisté pendant 18 jours entiers, il succomba enfin et mourut le dix-neuvième de sa maladie, après avoir reçu les saints (sacrements) avec une piété exemplaire, qu'il fit paroistre pendant tout le cours de sa maladie, qu'il souffrit avec toute la patience, la soumission et la résignation qu'on peut attendre d'un parfait et vertueux religieux, toujours fidèle à ses devoirs autant que le mal le lui pouvoit permettre, il voulut qu'on lui fit ses lectures ordinaires de piété et qu'on lui aidast à faire ses prières, ne voulant rien faire qu'avec soumission et dépendance du Prieur de la Maison. Il a été enterré honorablement dans l'église de l'abbaye et on a gravé sur sa tombe l'épitaphe suivante : *Hic jacet Dominus Theodericus Ruinart, Remensis Presbyter et monachus Sancti Germani a pratis, pietate, morum lenitate et doctrina conspicuus, qui in hoc monasterio hospes exceptus gravi febre decumbens obiit die 27 septembris anni 1709. Requiescat in pace* (1). »

Une main inconnue compléta cet éloge par un projet d'épitaphe qui, pour n'avoir pas été gravé, n'en est pas moins précieux à recueillir :

R. P. D.
THEODORICI RUINART MABILLONII
DISCIPULI EPITAPHIUM

Hic situs est noster Ruinartus frater et hospes,
Toto doctrina cognitus orbe satis.
Secula pulvereis hic dum latitantia chartis
Subducit cineri, concidit ipse cinis.

3 KAL. OCTOBR. 1709.

« Ici repose notre confrère et notre hôte, D. Ruinart, dont le savoir est connu du monde entier. Tandis qu'il disputait ici l'histoire des siècles lointains à la poussière des vieilles chartes, lui-même succomba et mêla ses cendres à celles de nos tombeaux (2). »

Mais Thierry Ruinart n'a pas disparu tout entier dans la sépulture d'Hautvillers. Son esprit a trouvé le repos au sein du Dieu de toute science, et ici-bas sa mémoire est restée en bénédiction. Heureux les hommes dont la postérité loue les œuvres à l'égal des vertus !

(1) Bibliothèque nationale, Fr. 16,861, f° 50.
(2) *Ibid.*, 19,666, f° 298.

Hic Jacet

D. Theodoricvs Rvynart

Remensis Presbiter et

Monachvs s. Germani

a Pratis, Pietate, Morvm

Lenitate et Doctrina

Conspicvvs, qvi In Hoc

Mcnasterio Hospes

Exceptvs, Gravi Febre

Decvmbens, Obiit Die 29

Septembris anni 1709.

Reqviescat In Pace.

Renovavit Theodoricus Ruinart de Brimont

Remus Anno Christi 1823.

ÉPITAPHE DE D. THIERRY RUINART DANS L'ÉGLISE D'HAUTVILLERS (MARNE)

(*Pierre calcaire*, Haut. 0m66, Larg. 0m55).

DEUXIÈME PARTIE

ŒUVRES DE D. RUINART

Les œuvres de D. Ruinart, comme toutes les œuvres d'érudition, sont de celles qui ne s'analysent pas. Il faut y recourir et les consulter, sans prétendre les connaître sur un simple aperçu (1).

Le principal caractère des travaux que nous allons récapituler, c'est la part si équitablement faite entre eux aux questions des origines chrétiennes et à celles des origines nationales. L'un et l'autre but ont été poursuivis avec un égal souci de rendre accessibles toutes les sources sur l'Eglise primitive et sur la France primitive. Les *Actes des martyrs* sont, pour les premiers siècles du christianisme, ce que la *Chronique de Grégoire de Tours* est pour l'enfance de la monarchie française. Si D. Ruinart eût vécu la durée normale de la vie, son programme eût été continué, peut-être mené à terme. Du moins, nous en possédons les éléments, qui suffisent à rendre tant de services aux historiens sacrés et profanes.

(1) Nous en donnons en appendice la liste, d'après la consciencieuse *Bibliothèque des écrivains de la congrégation de Saint-Maur*, par Ch. de Lama, in-12, Munich et Paris, 1882, Nos 196 à 204.

CHAPITRE I

ANTIQUITÉS CHRÉTIENNES. — HISTOIRE DE L'ÉGLISE.

§ 1. — *Les Actes des martyrs.*

La première et la plus célèbre des publications de D. Ruinart est son recueil des *Actes des premiers martyrs authentiques et choisis*, qui parut à Paris en 1689, et fut réédité à Amsterdam en 1713, à Vérone en 1734, à Augsbourg en 1802, et enfin à Ratisbonne en 1859. L'ouvrage fut traduit en français par Drouet de Maupertuy (1), et publié sous deux formats à Paris en 1708 et en 1737, puis réimprimé de nos jours à Besançon en 1818, et à Paris en 1825. Une traduction allemande vit le jour à Vienne en 1831, et une traduction italienne avait été pareillement fournie aux savants étrangers à Rome en 1777.

Rarement, on le voit, une œuvre d'érudition reçut d'aussi universels et d'aussi durables suffrages : après avoir fourni matière à douze éditions et à trois traductions successives, elle vient de recevoir un Supplément qui est, à lui seul, une preuve de l'intérêt croissant du sujet.

L'édition originale, qui porte sur son titre les armoiries de Maurice Le Tellier, est précédée d'une lettre servant de dédicace à ce prélat, le commun protecteur de Mabillon et de Th. Ruinart. Ce dernier naturellement expose combien le projet de son livre est conforme au

(1) J.-B. Drouet de Maupertuy (1650-1730), chanoine de Bourges et de Vienne, traduisit plusieurs ouvrages avec fidélité et élégance. Il dédia les *Actes des martyrs* à l'abbé Bignon, conseiller d'État.

caractère de l'archevêque, qui a constamment rejeté les fables et les sources impures : il lui offre donc une collection choisie de gestes de nos héros chrétiens ; il loue ensuite les actes de son pontificat et signe son épître du 1er octobre 1689, en la fête de St Remi. Une longue préface (74 p.) suit la dédicace, et forme la dissertation préliminaire (1) ; elle contient une réfutation des erreurs de Henri Dodwel qui avait la prétention de réduire considérablement le nombre des martyrs. Les actes sincères et choisis viennent ensuite et occupent 710 pages, précédées et suivies de copieuses tables. Parmi d'autres témoignages d'approbation adressés à D. Ruinart lorsque parut ce volume, nous citerons celui d'un très savant chanoine de Reims, M. Gillot, docteur en théologie de l'Université : « J'ai reçu hier avec joie, écrivait-il à son compatriote, des mains de Monsieur votre frère, les prémices de votre travail. Comme j'attendais avec impatience cette préface, je l'ai plutôt dévorée que lue. J'y ai trouvé toute la beauté dans le style, la noblesse des expressions, le choix des matières, la force des pensées qu'on peut désirer dans un ouvrage parfait. Vos coups d'essai sont des chefs-d'œuvre (2). »

En 1713, la seconde édition parut à Amsterdam dans le format petit in-folio, avec un frontispice gravé offrant la vue des supplices et du triomphe des martyrs (3).

(1) D. Ruinart y fait mention des martyrs de Reims dont le supplice est authentique bien que leurs « actes soient perdus » : « Adjungendi sunt Timotheus et Apollinaris, apud Remos celebres, quorum basilica memoratur in beati Remigii testamento. » p. XXI.

(2) *Hist. littér. de la congrég. de S. Maur*, par D. Tassin, 1770, p. 273 à 283.

(3) En outre, la préface fut réimprimée en 1689, à la tête du traité de Lactance, *De mortibus persecutorum*, édition de M. Bauldri, D. Tassin, op. citat., page 276.

La révision avait été préparée par D. Ruinart, et ses notes envoyées par lui-même à l'éditeur Wetstenius. Les autres éditions se succédèrent, sans apporter aucun élément nouveau jusqu'au Supplément que M. Ed. Le Blant mit au jour en 1882, et qui débute par cette importante déclaration : nous la reproduisons tout entière comme l'appréciation la plus compétente qui ait paru en notre siècle sur cette œuvre fameuse :

« Ce fut un grand service rendu aux études historiques que la publication faite par Ruinart du recueil des *Acta sincera et selecta primorum Martyrum*. Le renom de prudence et de savoir acquis par le célèbre religieux appela tout d'abord la confiance sur les pièces qu'il avait choisies ; le nombre des éléments d'informations que nous a transmis l'antiquité s'en accrut dans une large mesure, et, comme l'histoire de l'Église, celle même des temps païens y trouva souvent un secours. Beaucoup de textes reprirent crédit que l'on ne pouvait citer qu'avec réserve. L'esprit critique et le labeur d'un homme avaient suffi à leur rendre tout leur prix. Abordant sans ménager sa peine, l'immense collection des Bollandistes, celles de Mombritius, de Surius, Ruinart avait jeté la lumière dans ces in-folio que leur masse semblait devoir rendre inabordables. De ce travail et d'une large enquête dans les vieux textes manuscrits, il est sorti un monument désormais devenu classique et qui, chez nous comme chez nos pères, a mis dans les mains de chacun un instrument de première utilité.

(1) *Les Actes des martyrs*, Supplément aux *Acta sincera* de Dom Ruinart, par M. Edmond Le Blant. Extrait des Mémoires de l'Académie des Inscriptions et Belles-Lettres. Tome XXX, 2e partie. Paris, Imprimerie Nationale, 1882.

« Un effet que redoutait Ruinart, et contre lequel il protestait dès les premières pages de sa préface, devait se produire et se produisit dans l'esprit de plus d'un ; ce qu'avait écarté sa critique fut oublié et délaissé ; les Actes qu'il déclarait authentiques appelèrent presque seuls les regards......... Un religieux mort récemment, et qui, comme Ruinart, appartenait au savant ordre des Bénédictins, se récrie contre l'étroitesse du cadre des *Acta sincera*. « Dom Ruinart vivait, dit-il, dans un siècle où la fausse critique se donnait les plus grands airs, et il n'eut pas osé affronter la réputation d'homme crédule (1). » Ces paroles sont injustes autant qu'amères. Ruinart, on le voit par sa correspondance manuscrite, ne cessa de rechercher si son livre pouvait recevoir quelque accroissement utile (2). Un second volume, dont il parle, et dans lequel il voulait donner les documents d'une époque postérieure au triomphe de l'Eglise, devait comprendre, avec l'ouvrage de l'évêque Victor de Vite sur la persécution des catholiques par les Vandales, une histoire déjà toute préparée de la persécution par les Ariens. « Cela n'empêche pas, dit-il, que si on trouvait quelque pièce mesme des premiers siècles, nous la donnions aussy (3). » Ce projet n'eut qu'une suite incomplète, et le récit de Victor de Vite fut seul imprimé. En ce qui regarde les pièces relatives au temps des poursuites païennes, un avis mis en tête de la deuxième édition des *Acta sincera* nous fait savoir que vingt ans de recherches n'avaient fourni à leur auteur que deux documents, les Actes des saints Tryphon et

(1) *Les Actes des martyrs*, traduits et publiés par les RR. PP. Bénédictins de la Congrégation de France. Préface, p. xxv.

(2) Bib. Nat. Fr. 19665, lettres des 15 décembre 1689, 23 octo. 1690, 5 février 1691, 29 mars 1694. (fol. 23, 26, 27 et 29).

(3) Introduction, p. 1 à 3.

Respice, et un fragment d'un sermon de saint Augustin.

« Je ne suis point de ceux qui regrettent de voir à son livre si peu d'étendue : présenter tous ces Actes comme sincères est chose hasardeuse..... Est-ce à dire que j'incline à infirmer quelques-uns des jugements portés par Ruinart ? Telle ne saurait être ma pensée.... Je m'écarterai seulement ici du système adopté par le savant bénédictin, ne me préoccupant pas de présenter dans leur entier des pièces qui, prises de la sorte, supporteraient difficilement l'examen ; mon seul but sera de faire voir que certains documents négligés ou discrédités peuvent fournir aux études historiques des éléments d'information qu'on aurait tort de dédaigner (1). »

Telle est la méthode de M. Ed. Le Blant : il donne plutôt des *Fragmenta actorum sincera* que des *Acta sincera*, mettant, en outre, beaucoup mieux en évidence que D. Ruinart les raisons de la sincérité de ces fragments d'après les témoignages profanes. L'œuvre du bénédictin subsiste comme recueil, mais son impartial et très érudit continuateur en écarte ou y ajoute diverses portions d'actes, suivant les nouvelles données de la science historique. Ainsi se poursuivent les grands travaux dont l'école bénédictine a été parmi nous l'initiatrice et la gardienne (2).

(1) Pour juger des difficultés que souleva l'œuvre de D. Ruinart, lire la lettre qu'il recevait en 1695 de Tomasi, à propos des actes de sainte Agathe. *Histoire de Mabillon*, par Chavin de Malan, p. 489.

(2) *L'Ancienne Académie des inscriptions*, par A. Maury, 1864. p. 165. — Un hommage d'un autre genre avait été rendu à l'œuvre de D. Ruinart : l'ancien Bréviaire rémois lui avait emprunté les leçons des offices d'un certain nombre de martyrs de la primitive Eglise, mais les récentes réformes romaines ont fait disparaître ces documents de sincère critique.

§ 2. — *L'Histoire de la persécution des Vandales.*

Cet ouvrage, édité en 1694, est une suite des *Actes des Martyrs*, en ce qu'il traite des luttes des chrétiens postérieurement au triomphe de l'Eglise, et met au jour, avec plusieurs autres documents, l'ouvrage de l'évêque Victor de Vite sur la persécution des catholiques par les Vandales. Ces peuples étaient ariens, et d'autant plus féroces contre les autres chrétiens qu'ils professaient cette hérésie avec impiété. Ils causèrent la mort de très nombreux martyrs en France, en Espagne, en Italie et en Afrique.

Moins capitale que l'étude sur les premiers martyrs, cette nouvelle œuvre n'eut que trois éditions, tant à Paris qu'à Venise. L'édition originale, comprenant 600 pages et de nombreuses tables, ne donna lieu à aucune polémique ; elle était placée sous le patronage de Guillaume Egon, landgrave de Fürstenberg, évêque de Strasbourg, abbé commendataire de Saint-Germain-des-Prés, le conseil et l'ami des studieux bénédictins (1).

Plusieurs points de l'histoire de Reims sont indiqués dans les dissertations préliminaires, notamment celui de l'irruption des Vandales, et du martyre de saint Nicaise. D. Ruinart, d'accord avec la tradition rémoise, fixe cet événement en l'année 407, tandis que plusieurs auteurs veulent le reporter en 451, lors de l'invasion des Huns (2).

(1) D. Ruinart l'appelle « *patronum et fautorem, immo et patrem, ne dicam amicum.* » *Dédicace.*

(2) On lit à la table : *Remorum urbs prepotens, ibi martyres sub Vandalis, ann. 407, episc. Nicasius Martyr....* Cfr. la notice de M. le chanoine Cerf sur la date de ce martyre, dans les *Travaux de l'Académie de Reims*, t. LI, p. 178.

§ 3. — *L'Apologie de la mission de Saint-Maur.*

Cette dissertation assez étendue, qui parut en latin dans le premier volume des *Annales de l'Ordre de saint Benoît*, fut publiée en français en 1702 et accompagnée d'une dédicace au cardinal de Noailles, archevêque de Paris. Il s'agissait, en effet, de maintenir dans le bréviaire de Paris le culte rendu à saint Maur en tant que disciple de saint Benoît, et à saint Placide comme premier martyr de l'Ordre bénédictin. D. Ruinart, qui devait éviter le périlleux écueil d'un plaidoyer *pro domo*, luttait contre MM. Châtelain, Baillet et Basnage, les censeurs de tant de légendes acceptées jusqu'alors sans conteste. Il fit appel à la critique, et réussit à identifier l'abbé de Glanfeuil en Anjou avec le moine envoyé par son fondateur en France; il illustra son livre d'une belle gravure de la vocation de saint Maur et d'un plan des tombeaux de l'église Saint-Jean-Baptiste de Messine; ses efforts lui valurent les suffrages de l'un des adversaires, M. Baillet lui-même, ceux de l'abbé Du Guet, de D. Petitdidier, et du bollandiste Papebrock, qui adoptèrent son opinion (1).

§ 4. — *Ecclesia Parisiensis vindicata.*

Cette revendication en faveur de la bonne foi de l'Eglise de Paris, forme l'une des phases de la lutte de D. Ruinart contre le P. Germon, jésuite plus versé dans l'art de bien écrire que dans la connaissance approfondie des chartes du moyen âge (2). Il n'en avait pas

(1) *Hist. litt.* de D. Tassin, p. 279. — Cfr. les lettres données en appendice.

(2) « *Eo adversario contendebat, qui styli potius exercendi causa, quam antiquitatis illustrandæ, diplomata vexasse videbatur, in quibus eruditos oculos habere non poterat, qui nulla vidisset, ut ipse ingenue fatebatur....* » *Avis au lecteur,* en tête de l'édition des *Acta* de 1713.

moins été chargé de faire la critique de la *Diplomatique* de Mabillon, et s'était attaché en particulier à contester l'authenticité du testament de Vandemire et de Erchamberte en faveur de l'Eglise de Paris. Le bénédictin saisit ce détail accessoire pour venger Mabillon, et mettre au jour la faiblesse d'un adversaire très habile dans la dialectique sinon dans la diplomatique (1). Le temps a fait justice des téméraires critiques du P. Germon contre une œuvre gigantesque, dont le fidèle Thierry devait se montrer plus que tout autre le jaloux défenseur (2). A la mort de Mabillon, D. Ruinart fit part de sa douleur au P. Germon, et il en reçut une réponse louangeuse pour le défunt que nous publions en appendice.

§ 5. — *Le Pallium des archevêques.*

Les recherches sur les antiquités liturgiques fournirent à D. Ruinart l'occasion d'une étude considérable sur le *Pallium*, insigne ecclésiastique envoyé par le pape aux archevêques et à certains évêques. Il approfondit l'origine de ce vêtement, sa signification dans les usages chrétiens et les diverses formes de son emploi. Après avoir lu ce travail, M. l'abbé Corblet, si versé lui-même dans les symboles de la liturgie, écrivait ces mots : « J'ai été frappé une fois de plus de la sagacité de D. Ruinart, et en même temps de sa timidité à conclure. Le défaut contraire est si commun aujourd'hui qu'on

(1) Mabillon, si doux et si réservé, ne ménageait pas ses expressions pour qualifier les procédés de P. Germon à son endroit : « Il éblouit, écrivait-il à Rome, par un style fleuri et par une honnêteté apparente, mais très injurieuse en effet. » *Lettre du 18 août 1704*, donnée en appendice.

(2) D. Ruinart envoya son opuscule au chapitre de Reims, et cet exemplaire conservé à la bibliothèque de la ville, porte cette mention : *Présenté à Messieurs du chapitre par le très religieux et très sçavant autheur Dom Thierry Ruynart.*

doit hésiter à faire un reproche au docte bénédictin de sa réserve parfois trop prudente (1). »

Le préambule du traité est un témoignage de sincérité : l'auteur y explique comment, malgré les fautes et l'inconduite des papes du Xe siècle, leur autorité s'accrut néanmoins au point d'obliger, en tous lieux, les métropolitains à recevoir d'eux le *pallium*, en signe d'obédience et de communion. D. Ruinart attachait à ce fait une importance considérable : il y voyait une preuve de l'unité de l'Eglise au cours de cette terrible période appelée le *Siècle de fer*. Ce fut le même sentiment sur les destinées de la papauté, qui le poussa à écrire la vie d'Urbain II, l'un des pontifes qui travaillèrent héroïquement à la réforme religieuse et morale du monde chrétien.

(1) Lettre datée de Versailles, le 3 septembre 1885.— Cet érudit rendit compte oralement à la *Société des Sciences morales de Seine-et-Oise* du Supplément de M. Le Blant aux *Acta sincera*. *Mémoires de cette Société*, 1885, t. XIV, p. 20.

CHAPITRE II.

ANTIQUITÉS NATIONALES. — HISTOIRE DE FRANCE.

§ 1. — *Les Œuvres de Grégoire de Tours.*

L'édition des œuvres de ce vénérable chroniqueur, que l'on appelle à juste titre le *Père de l'Histoire de France*, fut le monument le plus étendu apporté par D. Ruinart à l'étude des antiquités de sa patrie. Ce fut en 1699 qu'il confia aux presses de François Muguet l'ensemble de textes, de notes et de compositions diverses, qui forme un volume considérable enrichi de vignettes et d'une planche gravée (1). Il était dédié à Achille de Harlay, premier président du Parlement, que l'éditeur se plaît à appeler le protecteur des lettres, le gardien de l'antique discipline, le conciliateur du sacerdoce et de l'empire (2).

La dédicace est suivie d'une préface qui offre une série de dissertations historiques : 1. *Nécessité d'une bonne édition de Grégoire de Tours.* — 2. *Classement de ses œuvres, critique des fausses attributions.* — 3. *Réfutation du P. Lecointe, qui déniait à Grégoire de Tours la paternité de ses œuvres.* — 4. *Travaux personnels de D. Ruinart, sources, manuscrits consultés.* — 5. *Frédégaire*

(1) Armoiries de Harlay avec allégories en tête de la dédicace, et, à la page 1374, vue du portail de Saint-Germain-des-Prés.

(2) « *Veteris disciplinæ quam tantopere amas, sequestrem, Sacerdotii et Imperii conciliatorem.* » *Dédicace.*

continuateur de Grégoire de Tours, son nom, ses ouvrages et son autorité. Vient ensuite une vie de l'historien, empruntée à ses ouvrages et écrite par S. Odon, abbé de Cluny. Les *Annales Francorum* précèdent le texte de l'Histoire des Francs, qui est accompagné de notes abondantes. Un appendice, contenant des pièces curieuses et des documents explicatifs, termine l'ouvrage, qui est suivi de tables méthodiques et très amples.

M. Eccard, dans son *Recueil sur la Loi salique*, a inséré les *Annales des François*, que D. Ruinart a tirées de nos anciens historiens depuis l'an 253 jusqu'en 768. Plus tard, D. Bouquet adopta le texte de l'*Histoire des Francs*, à peu près tel que l'avait donné son devancier, pour l'insérer dans le *Recueil des historiens des Gaules*, non sans l'avoir collationné sur deux manuscrits ignorés du précédent éditeur (1).

De nos jours, à la suite de nouveaux travaux et de nouvelles découvertes, l'*Historia Francorum* fut encore rééditée et traduite par MM. Guadet et Taranne, au nom de la *Société de l'Histoire de France*, et par M. Guizot, dans la *Collection des Mémoires relatifs à l'Histoire de France*. Enfin, l'édition française la plus récente que nous connaissions, augmentée d'éclaircissements géographiques, a été mise au jour par M. Alfred Jacobs, avec une notice préliminaire signée de M. Guizot, qui reportait en ces termes à l'édition bénédictine, la part d'éloge qui lui revient : « La meilleure, ou plutôt la seule bonne édition des Œuvres complètes de Grégoire de Tours, est celle que publia Dom Ruinart, en 1699. La préface est pleine de savantes recherches. »

(1) *Hist. litt.* de D. Tassin, p. 280. — *Extraits des remarques critiques et historiques de M. de Camps, abbé de Signy*, où l'on trouve la critique de cette édition par Dom Housseau, *Bibl. nat.*, mss., t. XIX, p. 235.

Ce jugement du grand historien moderne atteste suffisamment le service rendu à notre histoire par le modeste religieux, en accompagnant de notes et de dissertations un récit que l'on consultera toujours comme la plus vivante peinture de l'invasion germaine et de la cour des rois barbares. M. Bordier a fait plus que confirmer l'opinion de M. Guizot : il a repris et détaillé tout le travail de D. Ruinart sur les Œuvres de Grégoire de Tours ; il en a montré les solides assises, la concordance et l'utilité, même en présence des aperçus nouveaux si largement ouverts sur cette époque (1). Mais que de temps, que de veilles a coûtés à l'éditeur un semblable recueil (2) !

Si le mérite de la préface et des annexes est indiscutable, le texte lui-même, tel qu'il fut restitué par D. Ruinart, est-il à l'abri de la critique ? Assurément non. Depuis longtemps, plusieurs auteurs, et surtout les savants allemands, ont reproché au bénédictin d'avoir offert un latin écrit avec une certaine correction ou du moins avec clarté, plutôt que d'avoir reproduit dans toute sa barbarie le langage du saint évêque. M. Bordier n'a point discuté cette thèse, se bornant, disait-il, à attendre la publication longtemps retardée de l'*Histoire des Francs*, dans le vaste recueil des *Monumenta*

(1) *Opuscules de Grégoire de Tours*, revus et traduits pour la Société de l'Histoire de France, par H. Bordier, 1857, t. I, p. III, *Note relative aux travaux de D. Ruinart*, p. XI et 395.

(2) M. Bordier énonce que D. Ruinart mit deux années entières à parfaire son travail d'éditeur et d'annotateur. Nous croyons qu'il en mit beaucoup plus, car, douze ans avant la publication, le 13 juin 1687, Mabillon écrivait à Magliabechi : « D. Thierry vous fait mille compliments. Il va commencer d'imprimer le Grégoire de Tours. Si vous aviez quelque avis à lui donner, il le recevrait avec beaucoup de reconnaissance. » *Correspondance inédite de Mabillon...*, par Valery, t. II, p. 40.

Germaniæ ; elle vient d'y paraître sous une forme irréprochable comme précision et avec tout l'appareil de l'érudition (1).

§ 2. — *Le Voyage littéraire en Alsace et en Lorraine.*

La rédaction de cet itinéraire est une composition historique et archéologique d'un intérêt très vif, et d'autant plus appréciable que les bouleversements postérieurs ont modifié ou détruit presque tous les monuments visités par Mabillon et D. Thierry. Partis de Paris le 20 août 1696, il n'y rentrèrent que le 10 novembre suivant, à la suite de nombreuses stations et de recherches sagaces, bien que rapides, dans tous les dépôts littéraires. Il est inutile d'insister davantage sur un ouvrage très connu et fort apprécié en Alsace et en Lorraine : il fut traduit et annoté par M. Matter à Strasbourg en 1829, puis revu et complété à Nancy, trente ans plus tard, par les soins de la *Société d'archéologie Lorraine.* Il offre, à l'heure présente, ce contraste douloureux de l'allégresse des érudits français allant scruter et conquérir à leur façon la nouvelle province annexée au royaume.

§ 3. — *La Vie du pape Urbain II.*

Cette étude considérable ne nous est pas parvenue telle que D. Ruinart l'avait conçue et telle qu'il l'eût publiée sur son illustre compatriote (2). En effet, D. Mabillon écrivait à Magliabechi le 29 décembre 1704 :

(1) *Monumenta Germaniæ historica,* 1re partie des œuvres de Grégoire de Tours, *Historia Francorum,* par MM. W. Arndt et Br. Krusch, Hanovre, 1884, in-4° de 450 pages.

(2) *Du lieu natal du pape Urbain II,* dans les *Travaux de l'Académie de Reims,* t. LXIV, p. 36.

« D. Thierry a achevé la composition de la vie d'Urbain II et le recueil de toutes ses bulles et lettres. Ce sera un gros in-4°. » Il annonçait ensuite à Gattola, le 1er mars 1706, que l'œuvre était prête pour l'impression, *parata typis,* mais que la misère des temps y faisait obstacle, *sed temporum calamitas obest.* Quand D. Thuillier édita le travail posthume, il retrancha de l'appendice un très grand nombre de pièces qui furent remises à D. Mopinot pour le recueil des lettres des papes. L'œuvre fut donc abrégée comme la vie de l'auteur.

Cette œuvre, également profitable à l'histoire de l'Eglise, à celle de la France et des Croisades, est incomplète, bien qu'elle ait demandé huit années de recherches (1). Il s'agissait, en effet, de donner non seulement la biographie mais les actes du célèbre pontife, en qui D. Ruinart vénérait, comme il l'a dit, un rémois, un bénédictin et un bienheureux (2). Tout inachevé que soit l'ouvrage, il est encore le seul traité d'érudition sur un personnage que tant de titres désignent à l'attention des savants français. Non seulement il naquit en Champagne, à Châtillon-sur-Marne, mais il passa une partie de sa vie à Cluny, et fit de longs séjours sur notre terre hospitalière durant les dissensions de l'Italie

(1) En 1701, Thierry Ruinart écrivait à Gattola, archiviste du Mont-Cassin, le plan de son œuvre : « Illustrare nunc Urbani pontificis, ex ordine nostro, gesta, epistolas et alia opuscula aggredior; si quæ de illo apud vos habetis monumenta, epistolas aut diplomata, precor ut nedum communicare graveris. » *Correspondance inédite de Mabillon...*, par M. Valery, 1847, t. III, p. 128.

(2) Un document important sur la qualité de bienheureux reconnue à Urbain II, a paru sous ce titre : *Examen historique et archéologique de l'image du pape Urbain II et des autres peintures anciennes de l'Oratoire de Saint-Nicolas au Palais de Latran,* par M. le commandeur J.-B. de Rossi, traduit de l'italien par un chanoine de Reims (M. l'abbé Bussenot), in-8° de 58 p., fig., 1882.

et les troubles de l'Allemagne. L'éclosion du mouvement des Croisades, notamment la part qu'y prit Urbain II, serait, de nos jours, bien plus complétement mise en lumière que ne pouvait le faire D. Ruinart avec les documents alors connus (1).

§ 4. — *L'Abrégé de la Vie de D. Jean Mabillon.*

Ce livre restera comme l'œuvre du cœur, la part de prédilection laissée par D. Ruinart à ses confrères et aux érudits de tous les temps. Après l'avoir lu, on sent que le but est atteint : « On ne comprend guère, disaient à propos de Chavin de Malan, MM. Ch. Louandre et Bourquelot, qu'on écrive une vie de Mabillon après Thierry Ruinart (2). » N'est-ce pas, en effet, la peinture achevée d'un modèle incomparable, offerte par le compagnon de ses travaux, si digne lui-même de vivre dans l'intimité dont il retrace le charme ? C'est une peinture d'ailleurs assez naïve, composée sans artifice, d'une main qui ne connaît ni l'art de la flatterie, ni les détours, ni les compromis avec la vérité. Le style en est fort simple, très

(1) M. Adrien de Brimont, l'un des arrière-neveux du bénédictin, a publié, en 1862, une étude sur Urbain II, intitulée *Un Pape au moyen-âge*. — Divers travaux hagiographiques ont vu le jour en 1882, à l'occasion de la reconnaissance de son titre de bienheureux ; c'est à cette occasion que M. l'abbé Viot, ancien professeur du petit séminaire de Reims, a composé une traduction encore inédite du texte de D. Ruinart. — M. l'abbé Compant poursuit aussi la recherche de documents sur Urbain II, avec l'aide de M. le comte Riant, et se trouvera un jour à même, nous l'espérons, de rééditer l'ouvrage de D. Ruinart, en l'accompagnant de notes personnelles, de remarques critiques et de nouvelles pièces justificatives. Ce serait le plus heureux complément du travail inauguré par l'élève de Mabillon. *Archives de l'Orient latin*, 1881, t. I, p. 113.

(2) *La Littérature française contemporaine*, Paris, 1846, t. II, p. 610.

vieilli actuellement, et néanmoins le volume offre encore un intérêt pénétrant à celui qui en parcourt les pages avec abandon. Toutefois, D. Ruinart n'a point dit tout ce qu'il savait, obligé par une prudente réserve à ne traiter à fond aucun des sujets brûlants de l'époque, et à ne froisser aucune des susceptilités des supérieurs de sa congrégation (1). C'est à grand peine, au surplus, qu'il avait obtenu l'autorisation de publier ce livre d'édification et de piété filiale, tant on redoutait l'éclat et le bruit à l'occasion des controverses avec les Jésuites ou des polémiques jansénistes. Le fidèle D. Thierry évita les écueils en fournissant uniquement aux vrais savants et aux vrais chrétiens l'inimitable exemple de Mabillon. Composa-t-il aussi la notice qui fut inscrite au Nécrologe de Saint-Germain-des-Prés ? Rien ne l'indique, mais nous donnons néanmoins cette pièce en appendice.

Les érudits étrangers réclamèrent une traduction de la biographie, qui ne tarda point à paraître à Padoue, en 1714, par les soins d'un autre bénédictin, D. Claude de Vic. Le style gagna en élégance sous la forme latine, mais combien le texte français est plus vivant, plus personnel et plus touchant !

L'une des préoccupations de D. Ruinart avait été de joindre à son livre un portrait de son maître, et il ne put y parvenir qu'après de grandes difficultés : il avait fait exécuter un moulage de la figure du défunt; et il avait obtenu communication d'une peinture que con-

(1) D. Ruinart ne dit rien des querelles suscitées par l'édition de Saint Augustin, dont son maître avait écrit la préface, mais D. Tassin nous apprend qu'il en a laissé en manuscrit un journal très circonstancié. De même, il ne parle pas des relations de Mabillon avec le frère Denis de la Campagne et du traité sur les Prisons monastiques. Voir à ce sujet *D. Mabillon et la réforme des prisons*, in-8°, Reims, 1885.

servait le duc de Perth (1). Le crayon de Bernard Picart, et le burin de Giffart, permirent enfin à D. Thierry d'éditer l'estampe qu'il mit au frontispice du volume publié l'année même de sa mort. Nous lui sommes donc redevables de la plus fidèle image de l'humble religieux qui refusa de son vivant toute marque d'honneur et de distinction.

§ 5. — *Correspondance de D. Ruinart.*

Il n'a pas été publié de recueil spécial des lettres de D. Ruinart, malgré leur importance à raison de ses fonctions de secrétaire de Mabillon. Les minutes originales des missives écrites par lui sont assez rares ; on en conserve une soixantaine à la Bibliothèque nationale, et quelques-unes seulement ont été publiées, soit par M. Bordier, soit par M. Valery, dans des ouvrages généraux. M. le comte de Barthélemy en a publié une autre tirée des correspondances de la famille de Noailles (2). Plusieurs ont pu paraître encore dans les revues, mais il importerait essentiellement à l'honneur de l'érudition française de produire enfin le recueil complet de la Correspondance Bénédictine, au milieu de laquelle D. Ruinart figurerait si dignement (3).

On trouvera en appendice la collection des soixante lettres que nous avons pu réunir relativement à D. Ruinart et à D. Mabillon : quarante d'entre elles existent en copie ou en original à la Bibliothèque de Reims. Les autres viennent des dépôts de Paris, et nous les

(1) Voir en appendice deux lettres sur ce sujet. Cfr. *Travaux de l'Académie de Reims*, t. LXIV, p. 181.

(2) Lettre adressée à l'évêque de Châlons, le 15 septembre 1702, *Revue de Champagne et de Brie*, septembre 1878, p. 236.

(3) Sur ce projet de publication, voir le *Bulletin du Comité des travaux historiques*, 1883, n° 2, p. 19.

supposons toutes inédites. Elles concernent divers points d'histoire et de biographie, sur lesquels on ne publiera jamais de trop abondantes recherches.

La correspondance de D. Ruinart a revêtu cette politesse et ce culte des formes qui lui étaient communs avec tous les hommes de lettres du XVIIe siècle. La même main qui secouait la poussière de tant de manuscrits des fonds Colbert et de Harlay à la Bibliothèque du roi, excellait à son heure à polir une préface, à écrire une dissertation, et à donner au livre entier l'irréprochable empreinte du bon goût. L'érudit fut sincère jusque dans son style. Tous les ouvrages de notre bénédictin, sauf l'*Abrégé de la vie de Mabillon* et l'*Apologie de la mission de S. Maur*, sont écrits dans ce beau latin clair, concis, élégant, qui était encore de son temps la langue internationale des érudits.

A LA MÉMOIRE DE

DOM THIERRY RUINART

RELIG^{X} BÉNÉDICTIN DE LA CONGRÉG^{ON} DE SAINT-MAUR,

NÉ A REIMS DE MATHIEU RUINART ET DE CATHERINE BERNARD,

BAPTISÉ A SAINT-TIMOTHÉE LE 11 JUIN 1657,

MORT ET INHUMÉ EN L'ABBAYE D'HAUTVILLERS, LE 29 SEPT^{BRE} 1709.

IL ÉTUDIA DANS L'UNIVERSITÉ DE REIMS,

PRIT L'HABIT RELIGIEUX A SAINT-REMY EN OCTOBRE 1674

ET FIT PROFESSION EN 1675 A SAINT-FARON DE MEAUX ;

DEVENU A SAINT-GERMAIN-DES-PRÉS,

LE DISCIPLE, LE COLLABORATEUR ET L'AMI DE

DOM JEAN MABILLON,

IL RETRAÇA FIDÈLEMENT SA VIE

ET S'ILLUSTRA LUI-MÊME PAR SES TRAVAUX,

NOTAMMENT SUR LES ACTES DES PREMIERS MARTYRS,

DIGNE ÉMULE DE SON MAITRE POUR LA PIÉTÉ,

LA DROITURE, LE SAVOIR

ET LA MODESTIE.

Non est discipulus super magistrum : perfectus autem omnis erit, si sit sicut magister ejus. (*Ev. sec. Lucam, VI, 40.*)

Ses compatriotes lui ont élevé ce monument l'an 1886.

INSCRIPTION A LA MÉMOIRE DE DOM THIERRY RUINART
DANS L'ÉLGISE SAINT-REMY DE REIMS.

TROISIÈME PARTIE

L'INSCRIPTION COMMÉMORATIVE DE D. RUINART A SAINT-REMI DE REIMS

CHAPITRE I

LE PROJET ET LES SOUSCRIPTEURS

D. Ruinart, par un heureux privilège, repose dans une église de son pays natal, où sa tombe est demeurée intacte et environnée de respect. Mais si la dalle qui marque la sépulture d'Hautvillers est un précieux dépôt pour les Rémois, il ne convient pas moins de rappeler à Reims même l'origine d'un de ses plus célèbres enfants. L'église Saint-Remi est la seule qui subsiste de tous les sanctuaires du quartier haut de la ville ; le territoire de la paroisse Saint-Timothée, où D. Ruinart fut baptisé, est aujourd'hui englobé dans celui de Saint-Remi, ainsi que tous les vestiges et les souvenirs qui s'y rattachent. En outre, cet illustre monument abrita la jeunesse fervente du futur bénédictin, lorsqu'il vint y prendre l'habit monastique et y commencer son noviciat. C'est donc sur ses murailles historiques qu'il convient d'inscrire le nom de D. Thierry Ruinart (1).

(1) Notons que déjà une rue et une place de Reims (paroisse Saint-André) portent le nom de *Ruinart de Brimont*. Ajoutons qu'en 1824, le conseil municipal ayant conçu le projet de réta-

Au mois de juillet 1885, une inscription était rédigée dans ce but par le secrétaire de l'Académie de Reims et approuvée par cette compagnie.

Il fut décidé en outre, dans la séance du 13 novembre suivant, que le marbre serait placé par les soins de l'Académie et que les frais seraient couverts par une souscription. Avis en fut donné à l'autorité diocésaine et à l'Administration municipale de Reims, qui approuvèrent l'une et l'autre le projet, d'accord avec la fabrique de Saint-Remi. Un arrêté du Ministre de l'Instruction publique, des Beaux-Arts et des Cultes, en date du 23 janvier 1886, autorisa la pose du monument. L'emplacement de l'inscription commémorative fut fixé à l'angle du transsept et de l'abside de Saint-Remi, au mur du côté droit, près de l'entrée de la première chapelle absidale du sud dédiée à Saint Eloi. M. Flajollet-Bulteau, marbrier à Reims, fut chargé de l'exécution du monument qu'il termina et posa au mois de mars 1886.

Ce monument très simple reproduit exactement la planche donnée ici. Le texte est gravé sur une plaque de marbre noir, avec un cartouche au sommet, qui reproduit le chiffre de la Congrégation de Saint-Maur. Ce cartouche décoratif est emprunté à l'une des clefs de voûte de l'ancien réfectoire de l'abbaye de Saint-Remi, aujourd'hui devenu la salle Saint-Jean de l'Hôtel-Dieu. Le montant de la dépense fut couvert en quelques mois, par le concours de plusieurs Rémois et de quelques érudits parisiens, auxquels l'Académie tint à honneur de s'adresser.

La Société française d'archéologie pour la conservation des monuments historiques souscrivit de suite, par

blir les inscriptions des fontaines, avait décidé que la fontaine Saint-Bernard serait dédiée à Dom Thierry Ruinart. *Description de Reims*, par Gérard Jacob-K., p. 126.

l'organe de son président, M. le comte de Marsy. La Société nationale des Antiquaires de France applaudit aussi chaleureusement à cette initiative, et l'un de ses membres résidants, M. Bordier, envoya une souscription motivée en ces termes : « J'ai publié jadis six volumes de traductions, notes et commentaires, sur Grégoire de Tours, pendant tout le temps desquels je n'ai cessé de rendre un hommage reconnaissant à Dom Ruinart et à ses travaux dont je tirais profit. Je serais bien peu d'accord avec mes paroles, si je négligeais l'occasion si honorablement offerte par les savants rémois, d'offrir un faible témoignage de respect à leur éminent compatriote. » M. Natalis de Wailly envoya également son adhésion avec un courtois empressement. Voici, au surplus, la liste des souscripteurs :

L'Académie de Reims	100 fr.
La Société française d'archéologie . . .	50 —
S. Exc. Mgr Langénieux, archevêque de Reims	20 —
M. Ch. Ruinart de Brimont, négociant en vins à Reims	100 —
Mme Abelé de Muller	30 —
M. H. Bordier, bibliothécaire honoraire à la Bibliothèque nationale	20 —
M. Ulysse Robert, inspecteur général des Archives et des Bibliothèques . .	5 —
M. le baron Frédéric Seillière	50 —
M. Ch. Givelet, membre de l'Académie de Reims	20 —
M. V. Duchâtaux, avocat à Reims. . . .	10 —
M. A. Werlé, négociant en vins.	20 —
M. L. Demaison, archiviste-paléographe . .	10 —
M. E. Irroy, négociant en vins	20 —
M. A. Benoist, manufacturier	10 —
A reporter,	465 —

Report,	465 fr.
M. l'abbé Duverger, prêtre du diocèse de Reims	10 —
M. A. Lebourq	5 —
M. H. Jadart, secrétaire de l'Académie de Reims	20 —
	500 fr.

Cette somme permit, outre la dépense du marbre et de ses accessoires, qui montait à 400 fr., d'employer le reliquat de 100 fr. à la gravure de la tombe de D. Ruinart. Elle fut offerte à chacun des souscripteurs et aux bibliothèques publiques de Paris et de la région comme un témoignage de la gratitude des Rémois.

La mention d'un souvenir en nécessite souvent une autre qui la complète et lui donne sa portée véritable. Rappeler le nom de Thierry Ruinart sur les murs de Saint-Remi, c'est évoquer les noms de plusieurs autres bénédictins illustres qui passèrent, comme lui, une partie de leur studieuse jeunesse dans l'archimonastère rémois. Aussi, nous semble-t-il convenable que l'Académie de Reims, poursuivant son projet dans ses conséquences naturelles, inscrive sur un monument placé en face du sien, les noms des plus célèbres de ses confrères qui firent profession à Reims. Il en est de fameux, D. Coustant, D. Mabillon, D. Lami, D. Germain, D. Martène, que les érudits du monde entier connaissent, et qu'ils aimeront à voir honorer dans le lieu même de leur vocation. Tel est le sens de l'inscription que nous souhaitons voir placer prochainement dans l'abside de Saint-Remi.

PAX

A LA MÉMOIRE

DES

RELIG^{X} BÉNÉDICTINS DE LA CONGRÉG^{ON} DE SAINT-MAUR,
QUI ONT ACQUIS PAR D'IMMORTELS TRAVAUX
UNE PLACE DANS L'HISTOIRE LITTÉRAIRE DE LA FRANCE,
APRÈS S'ÊTRE FORMÉS A LA PRATIQUE DES VERTUS MONASTIQUES
ET AVOIR PRONONCÉ LEURS VŒUX EN L'ABBAYE DE SAINT-REMY :

D. JOACHIM LE CONTAT, LE 22 NOV^{BRE} 1628,
D. PIERRE DE JUMILHAC, LE 6 AVRIL 1630,
D. HENRI GILLESSON, LE 15 JUILLET 1632,
D. JEAN MABILLON, LE 7 SEPT^{BRE} 1654,
D. THOMAS BLAMPIN, LE 19 DÉC^{BRE} 1658,
D. FRANÇOIS LAMI, LE 30 JUIN 1659,
D. MICHEL GERMAIN, LE 19 OCT^{BRE} 1663,
D. PLACIDE PORCHERON, LE 27 JUILLET 1671,
D. PIERRE COUSTANT, LE 12 JUIN 1672,
D. EDMOND MARTÈNE, LE 8 SEPT^{BRE} 1672.

Ad quorum eruditionem omnis Israël sanctificabatur Domino.
(2, Paral. 35.)

INSCRIPTION A PLACER DANS L'ÉGLISE SAINT-REMI DE REIMS,
EN SOUVENIR DE LA PROFESSION QU'Y FIRENT DIX DES PLUS CÉLÈBRES ÉCRIVAINS
DE LA CONGRÉGATION DE SAINT-MAUR.

CHAPITRE II

UN PORTRAIT DE D. RUINART. — LES BÉNÉDICTINS RÉMOIS.

En même temps qu'elle faisait poser le marbre commémoratif, l'Académie de Reims assurait la reproduction par la photographie d'un portrait de D. Ruinart, jusqu'ici inconnu de ses biographes. Ce portrait est une gouache de l'époque, actuellement en la possession de M. Ch. de Brimont, l'un des descendants de la famille à Reims ; on lit au dos cette simple mention en écriture moderne : *Dom Ruinart*, sans marque de provenance ou d'authenticité.

Il n'existe, à notre connaissance, aucun autre portrait du pieux bénédictin ; il s'en trouvait un dans la collection d'un amateur rémois, M. A. Duchesne, dont les curiosités ont été vendues en 1858 (1). Serait-ce celui-là que la famille de Brimont possède actuellement ? Il nous a été impossible de le découvrir d'une manière précise. A défaut d'attestation contemporaine, nous devons donc nous borner à décrire la peinture,

(1) *Catalogue des livres, manuscrits, gravures et curiosités de feu* ***M.*** *Auguste Duchesne, numismate à Reims.* Mai 1858, brochure in-8° de 26 pages, Reims, Regnier. — N° 395, portrait de D. Ruinart, miniature du temps. — N° 392, portrait de D. Mabillon, miniature à l'huile du temps. Nous ne savons ce que sont devenus ces deux portraits. — Celui dont il est ici question est en vente chez M. Trompette, photographe à Reims.

laissant au temps le soin d'éclaircir son origine. La gouache, qui est incontestablement du XVIIe ou du XVIIIe siècle, mesure 0^m165 de hauteur sur 0^m112 de largeur ; elle est encadrée, d'ancienne date, dans une bordure sculptée et dorée. Le personnage est représenté assis devant une table, tenant un livre de la main droite et un papier de la main gauche ; un document manuscrit et les instruments pour écrire sont étalés devant lui. Le fond est garni d'une bibliothèque ; un paysage s'ouvre sur la droite. Le religieux a l'apparence de la jeunesse ; ses traits sont fins et son œil transparent ; il est coiffé d'une calotte et vêtu de la robe et du scapulaire noirs, qui laissent apercevoir le col et les manches d'une chemise blanche. Quelques détails nous paraissent en contradiction avec le costume des bénédictins de Saint-Maur, mais ils peuvent être le fait de l'artiste, qui aurait peint D. Ruinart à son insu. Consulté sur cette peinture, M. Georges Duplessis, conservateur du Cabinet des Estampes, répondit qu'il ne lui trouvait pas un caractère bien défini.

Quoi qu'il en soit de l'authenticité de ce portrait, il n'est pas sans intérêt de le faire connaître, puisque le cabinet des estampes de la Bibliothèque nationale n'offre aucune figure de notre bénédictin. La reproduction des traits, même après la mort, était prohibée par les statuts de la congrégation de Saint-Maur ; il arriva cependant que la célébrité de quelques-uns de ses membres et le désir des familles firent passer sur la rigueur des règlements. Il a pu en être de même pour D. Ruinart, et nous souhaitons vivement trouver la preuve de la fidélité du tableau dont la seule découverte apporte un document nouveau à la biographie rémoise.

Ce sera encore servir la biographie rémoise que de produire la liste des religieux bénédictins nés à Reims, ou dans les limites de l'ancien diocèse (Ardennes et

Marne); et jugés dignes, par leurs travaux, de figurer dans l'*Histoire littéraire de la Congrégation de Saint-Maur* (1). Nous en avons relevé les noms dans les tableaux dressés par D. Tassin et par M. Ulysse Robert, de manière à accompagner D. Ruinart d'un cortège de compatriotes, tels que D. Cotron, D. Mopinot, D. Baussonnet, qui furent ses dignes émules dans la voie de l'érudition.

(1) Les notices relatives à ces bénédictins Rémois se trouvent dans l'*Histoire littéraire de la congrégation de Saint-Maur*, par D. Tassin, in-4°, 1770, et dans le *Supplément à l'histoire littéraire de la congrégation de Saint-Maur*, par Ulysse Robert, in-8°, 1881. — Cfr. *Bibliothèque des écrivains de la congrégation de Saint-Maur*, par Ch. de Lama, in-12, 1882. — *Influence des Bénédictins dans la province de Champagne*, par l'abbé Bandeville, in-8°, 1846. — *Les écrivains champenois de la congrégation de Saint-Maur*, dans la *Revue de Champagne et de Brie*, août 1878.

PAX

A LA MÉMOIRE
DES RELIGIEUX BÉNÉDICTINS
INSCRITS DANS
L'HISTOIRE LITTÉRAIRE DE LA CONGRÉGATION DE SAINT-MAUR,
QUI NAQUIRENT EN LA VILLE DE REIMS :

D. GUILLAUME MARLOT, EN 1596,
D. GRÉGOIRE LE GRAND, EN 1611,
D. VICTOR COTRON, EN 1615,
D. NICOLAS DE LA SALLE, EN 1619,
D. SIMON CHAMPENOIS, EN 1644,
D. CHARLES HENRION, EN 1648,
D. JEAN JESSENET, EN 1651,
D. PIERRE MISSON, EN 1653,
D. THIERRY RUINART, EN 1657,
D. ÉLIE MAILLEFER, EN 1684,
D. SIMON MOPINOT, EN 1685,
D. NICOLAS JALABERT, EN 1700,
D. JEAN DE BAR, EN 1700,
D. J.-B^TE BAUSSONNET, EN 1700,
D. NICOLAS NOEL, EN 1714,
D. CLAUDE ROUSSEAU, EN 1724.

Filii, æmulatores estote et mementote operum patrum, quæ fecerunt in generationibus suis. (1, *Mach.* II, 50 et 51.)

Inscription commémorative
à placer dans l'église Saint-Remi de Reims.

PAX

A LA MÉMOIRE
DES RELIGIEUX BÉNÉDICTINS
INSCRITS DANS
L'HISTOIRE LITTÉRAIRE DE LA CONGRÉGATION DE SAINT-MAUR,
QUI NAQUIRENT DANS L'ANCIEN DIOCÈSE DE REIMS :

D. FIRMIN RAINSSANT, A SUIPPES EN 1596,
D. BERNARD PLANCHETTE, A AUBIGNY EN 1607,
D. JEAN GÉRARD, A DONCHERY EN 1617,
D. DAMIEN RAULIN, A DONCHERY EN 1624,
D. GILBERT GÉRARD, A DONCHERY EN 1629,
D. JEAN MABILLON, A ST-PIERREMONT EN 1632,
D. JEAN GELÉ, AU CHESNE EN 1645,
D. J.-BTE ALAYDON, A RETHEL EN 1671,
D. FRANÇOIS BOURON, A CHÉVREMONT EN 1690,
D. PIERRE CARPENTIER, A CHARLEVILLE EN 1697.

Patres nostri annuntiavernnt nobis opus in diebus eorum et in diebus antiquis. (Ps. XLIII, 2.)

Inscription commémorative
des écrivains bénédictins nés dans le diocèse de Reims.

APPENDICE

Généalogie de la famille Ruinart

Jehan Bernard,
= Claude Fetizon.

Catherine Bernard.
† 1685

Anthoyne Ruynart, mort avant 1638.
= Symonne Harmonville.

Mathieu Ruynart, marchand, † 1702.
= Catherine Bernard.
† 1685

Anne Ruinart.
= Remi Gillet.

Hubert Ruinart.
= Remiette Pinte.

Jean Ruinart, né en 1648.

Nicolas Ruinart, né en 1652, Bourgeois de Reims marchand de rase
= en 1676 Barbe Misson
† 1714.

Hubert Ruinart, né en 1654.

Marie Ruinart, née en 1653
= en 1672
Claude Duval.

Gérard Ruinart, né en 1656

Thierry Ruinart, relig. bénédictin, né en 1657 † 1709.

Jean Ruinart, né en 1658

Remiette Ruinart, née en 1660.

Jacques Ruinart, né en 1662, bachelier en théologie.

Jeanne Ruinart, née en 1678.

Catherine Ruinart, née en 1680.

Jean Ruinart, né en 1681 † en 1682

Marie Ruinart, née en 1683.

Jean-Joseph Ruinart, né en 1684.

Jeanne Ruinart, née en 1686,
= Tronsson, marchand.

Jean-Baptiste Ruinart, né en 1689.

Marie Ruinart, née en 1687

Jean-Baptiste Ruinart, né en 1691.

Nicolas Ruinart, né en 1697, marchand bourgeois de Reims. † 1769
= en 1728
Marie Saubinet,
† 1766

Jeanne Ruinart, née en 1729.

Barbe-Nicolle Ruinart, née en 1730,
= M. Huart Letertre.

Claude Ruinart, né en 1731, écuyer, conseiller-secrétaire du Roy, avocat en Parlement, seigneur de Brimont, contrôleur des guerres
= en 1764 Hélène-Françoise Tronsson, fille de Nicolas Tronsson et de Marie-Magdeleine Sutaine.

Barbe Ruinart, née en 1733.

Charlotte-Marie-Magdelaine Ruinart,

Nicolas Ruinart, né en 1765,

Marie-Thérèse Ruinart.

Jean-Irénée Ruinart, né en 1770, créé vicomte

APPENDICE

I

DOCUMENTS SUR LA FAMILLE RUINART

§ 1. — MENTIONS SUR LA FAMILLE RUINART DANS LES MINUTES D'ACTES AUTHENTIQUES du XVIe au XVIIIe siècle.

1557.

Minutes de Savetel, notaire à Reims.

31 juillet. Jehan Colinet l'aîné et Jehanne Ruynart sa femme, Perrard Ruynart labrs dems à Beyne, et Nas Ruynart, estaminier à Espoye, heritiers de feue Marson Thierriart vivt ve de Gérard Ruynart leur mère, vendent quatre pieces de terre au terroir dudit Beyne.

Savetel, 1579.

Maison à Beyne, derrière l'église, tenant à Gerard Ruynart.

Jean Charlier, 1579.

Maison à Beyne, tenant à Poncelet Ruynart.

Ponce Angier, 1582.

Jehan Ruynart, md à Reims, baille à louage une cense contenant 113 pièces de terre au terroir de Beine, moyennant par an 30 septiers, moitié seigle et avoine.

Jean Charlier, 1601.

Jehan Ruynart, estaminier demt à Reims, baille à louage 33 septiers de terres sises à Nauroy, moyt 10 septiers de grain, moitié seigle et avoine.

Desmolins, 1604.

20 novembre. – Jehan et Jacques Ruynart, mds à Reims et Claudine Guyot ve de Estienne Ruynart, demt à Reims, paroisse S. Julien, au sujet de la succession de feu Nicolle Ruynart, sœur dudict Estienne Ruynart et tante desd. Jehan et Jacques.

Rogier, 1624.

Claudine Guyot, ve de Estienne Ruynart demt à Reims à Jehan Ruynart son fils demt à Beyne.

Rogier, 1638.

19 octobre. Symonne Harmonville, ve de feu Anthoyne Ruynart demt à Reims, met Mathieu Ruynart son fils au logis de Roytelet, maître sergier, pour apprenti durant 3 ans.

Jean Rogier, 1656.

Loys Ballet, conseiller au présidial de Reims, vend à Mathieu Ruynard, marchand à Reims, sa maison rue Ste Marguerite, moyennant 4600 livres tournois.

Rogier 1661 (Me Lemoine).

12 nov. — Noble homme Mre Henry Lhuisible advocat en Parlement et au conseil privé du roy demt ordinairemt à Paris rue de Seine, faub. S. Germain, étant à Reims, vend à honn. homme Mathieu Ruinart, marchd à Reims une cense de 100 septiers de terre en 89 pièces sise aux terroirs de Beine et Mouchery..... moyennt 1200 l. tournois.

1663.

Oudin Ruinart, lieutenant en la justice de Boult sur Suippe.

Rogier, 1664.

24 avril. — Mathieu Ruinard, m[d] à Reims, baille à louage une cense contenant 113 pièces de terre au terroir de Beine, moy[t] par an 30 septiers, moitié seigle et avoine.

Fr. Bretaigne et G. Rogier, 1666.

7 décembre. — Vente par Simone Romain, veuve et légataire de Daniel Douart, à honneste homme Mathieu Ruinart, marchand dem[t] à Reims, une maison scize rue du Barbâtre, où pend pour enseigne la Ville d'Amboise, consistant en cuisine, chambres basses et hautes, greniers, cour devant et derrière, écuries, grange, cellier, jardin par derrière ayant issue au rempart, le tout moyennant 3,000 liv. en louis d'or.

(Contrat sur parchemin, dans les papiers de M. Grangé, propriétaire actuel de l'immeuble, 171, rue du Barbâtre.)

Rogier, 1670.

29 may. — Mathieu Ruinart, m[d] à Reims, vend un jardin fermé de murailles sis à Beine, rue de la Villette, moy[t] 50 livres.

Chevillet, 1672.

Novembre. — Mathieu Ruynard, rouleur et retendeur de serges et estamines, demeure en sa maison rue Ste Marguerite.

26 septembre. — Contrat de mariage entre Marie Ruynard et Claude Duval.

Matthieu Ruynard donne à sa fille 2500 l. en deniers clairs; habits nuptiaux, et sa part des frais du banquet (*Liste des effets et habits.*)

Rogier, 1673.

Mathieu Ruynart march[d] a Reims baille a louage une cense a Beyne consistant en 300 septiers de terres labourables terroir de Beyne et terroirs voisins et une maison sise audit village rue de la Villette, pour 6 ans moy[t] par an 65 septiers de grains, seigle et avoine.

Rogier, 1673.

Septembre. — Hon. homme Mathieu Ruynard m[d] a Reims baille à louage à Oudart Contant hostelain une maison rue du Barbâtre où pend pour enseigne la ville d'Amboise où est dem[t] ledit preneur pour 6 ans moyen[t] 300 l. tourn. par an.

Rogier, 1675. (M[e] Douce.)

8 janvier. — Mathieu Ruynart march[d] à Reims et Nicolas Ruynart son fils agé de 23 ans se mettent en association touchant les marchandises de sarges et estamines dont ils traffiquent depuis le 1er octobre de l'année dernière 1674 et jusques ce pareil jour 1er octobre prochain soubz les conditions qui ensuivent, savoir ledict Ruynart père a mis en la quaize la somme de 8000 l. et ledit Ruynart fils celle de 3,000 l. provenant de pareille somme pour son mariage, et les marchandises quils achepteront et quils ont cy devant acheptées depuis ledit temps conjoinctement ou séparement se pourront debiter pour le gros et envoyer aux marchans ainsy quils adviseront sans que led. Ruynart fils pretende aucunes choses esdictes marchandises qui se détailleront au logis dudit Ruynard père ny au proffit quil en pourra tirer, a condition que toutes les estamines qui sont données et donneront cy apres pendant le temps de la presente association a Jean Lecointre retendeur, pour aprester, ledit Ruynart pere les payera seul et par ce moyen prendra 20 sols sur chacune piece a son proffict sans que ledict Ruynart fils y puisse rien prendre. Et ce en considération des 5000 l. faisant partie des 8000 quil a mis en quaize. Et les proffricts desdictes marchandises quy se venderont en gros se partageront fin de ladicte association par moictié esgallement. Et a cest effect sera mis toutes lesdictes marchandises et envoyes faict et a faire par inventaire sur ung livre pour en compter ensemble fin d'iceile association, laquelle est commencée dès ledit jour premier octobre de l'année dernière et finira à pareil jour premier octobre prochain. Et encores a charge par ledict Ruynart pére de nourrir loger chauffer et entretenir de tous points ledict Ruynart fils pendant ledict an sans quil soit tenu en rendre et payer aucune chose audict Ruynart son père, en consideration dudict détail auquel ledict Ruynart pere ne prend aucun proffict.

Signé : Mathieu Ruinart, Nicolas Ruinart.

1675.

8 janvier. — Ledict N[as] Ruynart jeune homme a marier reconnaît avoir reçu de Mathieu Ruynart son père 3000 l. tournois pour pareille somme a luy fournie pour son mariage comme a esté faict et baillé à Claude Duval son beau frère pour le mariage de Marie Ruynart sa femme.

Dallier, 1676.

7 août. — Contrat de mariage entre Nicolas Ruinart march[d] a Reims fils du s[r] Mathieu Ruinart — Et Barbe Misson fille de N[as] Misson m[d] et de Barbe Frizon.

Mathieu Ruinart père en faveur dud. mariage associe son fils avec luy dans son negoce de marchandises d'etamines droguettes razes et autre negoce durant 9 ans commençant le 25 juillet dernier, pourquoy led. s[r] Ruinart père sera tenu faire part à sond. fils des profits des marchandises quil vendra, tant en gros que detail a concurrence de ce qu'il aura mis dans la Société (savoir 7200 l. qui lui procedent savoir 3000 pour son mariage, 8 janvier 1675, et 4200 l. des profits que ledit Nicolas a fait dans leur precedente Société); et aussi lui fournira des habits nuptiaux et linges pour 500 l. et les frais du festin à concurrence du nombre des personnes invitées.

Bagues et joyaux 600 l. douaire 150 l. La future aura en dot 6000 l.

Rogier, 1677.

30 janvier. — Jean Daras laboureur à Beyne fermier de Mathieu Ruynard md à Reims.

(Ce dernier cède le volet et les pigeons.)

1677, 19 juillet.

Oudin Ruinart estaminier à Boult sur Suippe, époux de Henriette Muiron.

Copillon, 1684.

18 février. — Mathieu Ruynard marchd cede et transporte a Jacques Ruynard bachelier en theologie de l'universite de Reims la somme de 700 l. en principal de rente due audit cédant par Hubert Ruynard md sergier à Reims.

Copillon, 1686.

27 août. — Mathieu Ruynart pour faciliter le partage de sa succession estime à 4100 l. la cense quil a donnée a Mre Jacques Ruynard son fils bachelier en theol. consistante en maison et terres sise à Beyne et terroirs voisins.

9 avril. — Maison bâtie par led. Ruynard rue S. Jean. Differend avec son charpentier.

Copillon, 1686.

10 décembre. — Hon. hom. Mathieu Ruynart md a Reims donne et cede a Mre Jacques Ruinart son fils sous diacre bachelier en theol. de l'universite de Reims une maison rue du Barbatre où est pour enseigne la ville d'Amboise consistant en 4 corps de logis 2 cours jardins, moyennant 500 l. de pension viagère et 50 messes basses après son décès.

1687.

11 mars. — Don fait par Mathieu Ruynard audit Jacques son fils d'une cense de 40 septiers à Vaudesincourt et terroirs voisins, moyennant 8 septiers de grains par an et un service solennel après son décès.

Copillon, 1687.

2 avril. — Mathieu Ruynard m^{d} vend à Jacques Ruynard son fils bachelier en théologie, les meubles qui sont au logis du sieur Duval son gendre... une presse à presser des marchandises, 6 tables, 2 lits, un cadre où est une thèse de satin et quelques livres et ceux qui sont au logis du sieur Nicolas Ruynard, son fils... 4 caques de vins... 10 poinçons de charbon .. une chaudière de cuivre... le tout moyennant 120 l.

Tauxier, 1687. (Me Lefèvre.)

26 Mars. — Me Jacques Ruinard bachelier en théologie à Reims déclare qu'à sa prière et pour lui faire plaisir hon. homme Mathieu Ruinart son père marchand à Reims, s'est obligé solidairement avec lui au paiement de la somme de 50 l. de rente et du principal de 1,000 l. envers le sieur Gérard Coquebert.

Ledit Jacques R. cède et abandonne à son père les revenus et louages qui lui appartiennent d'une maison sise à Reims rue du Barbâtre appelée la ville d'Amboise et d'une autre maison rue St-Jean ayant issue devant le rempart de la Tour du Puits, d'une cense au terroir de Beine et d'une autre à Vaude-St-Court à charge par sondit père de payer l'intérêt de ladite somme et demeurer quitte par ledit sieur Ruinart fils vers sondit père de la pension de 500 l. d'une part et 8 septiers de seigle d'autre qu'il est obligé lui payer annuellement sa vie durant.

Institution et insinuation, 1688-1689.

f° 5, 1688, 29 juillet. — Mathieu Ruinard marchand à Reims donne à Jacques Ruinart bachelier en théol. en l'université de Reims son fils plusieurs pièces de vigne situées au terroir de Berru.

Tauxier, 1693. (Me Lefèvre).

18 sept. — Testam. de Mathieu Ruinart marchand demeurant à Reims rue du Barbâtre paroisse St-Martin couché malade donne :

50 l. à l'église St-Martin, à charge d'être recommandé aux prières

50 l. pour les pauvres de ladite paroisse

50 l. à Remy Gillet à cause d'Anne Ruinart sa sœur à prendre sur les deniers qu'il a mis ès mains de Jean Adam me charpentier à Reims.

En considération des pensions que les sieurs Nas Ruinart et Claude Duval ses enfants luy ont fournis et payés et autres considérations leur donne ses biens meubles à charge d'exécuter ledit testament.

Il ne peut signer à cause de sa fiebvre et grand âge.

Il approuve ledit testament et signe le 19 sept.

Le 4 décembre 1693 il révoque ledit testament.

1770-1775.

Archives du Chapitre, Seigneurie de Brimont.

11 avril 1770. — Compromis ou projet du traité sous seings privés entre MM. du Chapitre d'une part et *M. et Mme Ruinart*, d'autre, pour parvenir à l'échange ou surcens perpétuel de tout ce qui peut appartenir auxd. sieurs du chapitre dans les terres et Sries de Brimont et Brimontel, sous la réserve des dimes desd. lieux et du domaine moyt un surcens perpétuel et non rachetable de 25 septiers de seigle et 25 septiers d'avoine.

Ensuite la ratification du traité par le chapitre du *18 avril 1770.*

Joint un acte sous seing privé contenant les offres de *M. et Mme Ruinard*, du 7 févr. 1772 de racheter le surcens moyt 2 corps de ferme auxd. terroirs content 81 arpens. Ce que le Chapitre a accepté moyent qu'il sera obtenu lettres d'amortiss., etc.

Août 1772. — Lettres patentes du roy Louis XV données à Compiègne qui permettent au Chapitre de Reims de céder à titre d'echange au Sr et Dme Ruinart tout ce qui appart. aud. Chapitre dans les terres et Sries de Brimont et Brimontel. Ensemble tous les cens surcens lods et ventes et autres droits seigneuriaux sans y rien excepter si ce n'est le domaine app. aud. Chapitre tel qu'il est expliqué auxd. projets d'actes du 11 avril 1770 et 7 fev. 1772. Et de recevoir en contre échange desd. sieur et dame Ruinart 2 corps de ferme, etc.

30 mars 1773. — Echange passé devant Desaint, notaire à Reims, par lequel MM. du Chapitre métrop. ont cédé et abandonné à Claude Ruinart, écuyer control. des guerres et dame Hélène Tronson son épouse la terre et seig[ies] de Brimont consistant en haute moy[e] et basse justices cens rentes foncières et tous les droits généralement reconnus par le procès verbal des plaids généraux du 21 janvier 1773. Ensemble la terre et seig[ie] de Brimontel consistant aussi en haute moy[e] et basse justice cens lods et ventes droits de bourgeoisie de 7 quartels d'avoine et 3 poules 1/2 sur 4 maisons de Bourgogne dépend[t] de la seig[ie] de Brimontel.

Et en contre echange lesd. sieur et dame Ruinard cèdent 2 corps de ferme sans maison sur les terroirs de Brimont et Brimontel et voisins.

Le tout aux reserves et conditions suivantes :

1° Lesd. sieurs du chap. se reservent la dime en graines grosses et menues sur les terroirs de Brimont et Brimontel, la moitié de la dime en vin de Brimont.

2° Les heritages donnés en contre échange conserveront leur nature de roture.

3° Lesd. sieur et dame Ruinart tiendront à toujours les terres et s[ie] de Brimont et Brimontel en plein fief de la Sénéchaussée du Chapitre de l'Eglise métrop. de Reims qui les a et possède en franc alleu et seront lesd. terres et s[ries] sujettes envers lesd. sieurs du Chapitre à tous les droits féodaux fixés et déterminés par la coutume de Reims.

En conséq. lesd. s[r] et d[e] Ruinart seront tenus de prêter la foy et hommage devant le s[r] Bailly de la sénéchaussée dans un mois sans être obligés pour cette fois cy seulem[t] de fournir aveu et dénombrement.

7 juin 1773. — Arrêt d'homologation du contrat déchange ci-dessus.

10 mars 1775. — Inventaire fait par Me Huet notaire

des titres remis par le Chapitre à M. Ruinart lors de léchange.

1774, 30 avril. — 2 actes de foy et hom. aveux et dénombrement faits par M. Ruinart à MM. du Chap. à cause des terres seig^{ies} de Brimont et Brimontel.

Archives de la Marne à Reims, Fonds du Chapitre N.-D., Brimont, Liasse 1, n°s 5, 7, 8 et 11.

---

§ 2. — ÉTAT-CIVIL DE LA FAMILLE RUINART AUX XVIIe ET XVIIIe SIÈCLES.

Paroisse S. Hilaire.

1648 8 octobre. — Baptême de Jean fils de Mathieu Ruinart et de Catherine Bernard. Par. Jehan Bernard et Claude Fetison.

1652. — Baptême de Nicolas fils de Mathieu Ruinart et de Catherine Bernard. Par. N^{as} Roland et Anne Roland sa niepce.

1654 29 décembre. — Baptême de Hubert fils de Mathieu Ruinart et de Catherine Bernard. Par. Hubert Ruinart et Simonne Hermonville sa mère.

S. Symphorien.

1653 25 décembre. — Fille de Mathieu Renard (sic) et de Catherine Bernard.

S. Pierre.

1656 1er février. — Bapt. de Gérard fils de Mathieu Ruinart et de Catherine Bernard.

S. Timothée.

1657 11 juin. — Bapt. de THIERY, fils de Mathieu Ruinart et de Catherine Bernart.

S. Symphorien.

1658 17 juin. — Bapt. de Jean fils de Mathieu Ruinart et de Catherine Bernard. Par. Jean Arlot et Marie Bernard.

S. Timothée.

1660 20 janvier. — Bapt. de Remiette fille de Mathieu Ruinart et de Catherine Bernard. Par. Hubert Ruinart et Remiette Pinte.
(*Le par. a signé :* H. RUYNART).

S. Hilaire.

1662 3 mars. — Bapt. de Jacques fils de Mathieu Ruynart et de Catherine Bernard. Par. Jean Multeau et Perette Fetison sa mere.

S. Symphorien.

1685 19 sept. — Mort de Madame Catherine Bernard âgée de 63 ans femme de Mr Mathieu Ruinart, inhumée au cimetiere de S. Denis. Témoin son mari et Jacques Ruinart son fils.

S. Martin.

1702 30 mars. — Mort de Mr Mathieu Ruinart mari en premières noces de Catherine Bernard âgé de 85 ans. Témoin N. Ruinart, C. Duval.

S. Pierre.

1676 10 août. — Mariage entre Nicolas Ruinart de la paroisse S. Symph. âgé d'environ 24 ans fils de Mathieu Ruinart marchand et de Catherine Bernard. — Et Barbe Misson de cette paroisse âgée de quinze ans et demi fille de Nas Misson march. et de Jeanne Frizon.
1678 19 août. — Bapt. de Jeanne fille de Mr Nas Ruinart et delle Barbe Misson.

S. Symphorien.

1680 25 mars. — Bapt. de Catherine fille de Nicolas Ruinart et de Barbe Misson Par. Mathieu Ruinard et Cather. Bernard.
1682 25 janvier. — Bapt. de Jean fils de Mr Nicolas Ruinart et de Barbe Misson.
1683 7 mars. — Bapt. de Marie fille de Nas Ruinart marchd de rase et Barbe Misson.

S. Michel.

1681 12 février. — Mort de Jean fils de M. N[as] Ruinart et de Madame Barbe Misson inhumé au cimetiere de St Michel.

S. Pierre.

1684 1er juillet. — Bapt. de Jean Joseph fils de M. Nicolas Ruinart et de Barbe Misson.

S. Michel.

1686 24 août. — Bapt. de Jeanne fille de N[as] Ruinart et de Barbe Misson.

1687 21 sept. — Bapt. de Marie *fille des mêmes.*

1689 23 avril. — Bapt. de Jean-Baptiste *fils des mêmes.*

1691 16 juillet. — Bapt. de Jean-Baptiste *fils des mêmes.*

1697 4 avril. — Bapt. de Nicolas *fils des mêmes.*

1714 27 avril. — Mort de Barbe Misson femme de Mr Nicolas Ruinart bourg[s] de Reims, âgée de 54 ans.

S. Symphorien.

1728 28 septembre. — Mariage entre Mr Nicolas Ruynart, fils de Mr Nicolas Ruinart marchand bourgeois de Reims et de deffuncte d[elle] Barbe Misson. — Et d[elle] Marie Sobinet fille de feu M[r] Louis Sobinet et de Jeanne Bidet.

S. Michel.

1729 26 sept. — Bapt. de Jeanne fille de M[r] Nicolas Ruinard marchand et d[elle] Marie Saubinet Par. M[r] Claude Saubinet m[d] et Jeanne Bidet v[e] de M[r] Louis Saubinet.

1730 11 sept. — Bapt. de Barbe Nicolle fille de M[r] Nicolas Ruinart m[d] et de d[elle] Marie Saubinet. Par. M[r] Nicolas Ruinart et Jeanne Ruinart épouse de M. Tronsson m[d].

1731 20 octobre. — Bapt. de Claude fils de M[r] Nicolas Ruinard et de Melle Marie Saubinet.

1733 26 décembre. — Bapt. de Barbe, fille *des mêmes.*

S. Michel.

1766 18 avril. — Mort de Madame Marie Saubinet épouse de Mr Nicolas Ruinart, bourgeois de Reims âgé de 69 ans inhumé le 20 au préau de l'eglise métropolitaine.

1769 21 avril. — Mort de Mr Nicolas Ruinart bourgeois de Reims âgé de 72 ans inhumé le 23 au préau de l'église métrop.

S. Symphorien.

1764 6 mai. — Mariage de Mr Claude Ruinart avocat en Parlement âgé de 32 ans fils de Mr Nicolas Ruinart et de Madame Marie Saubinet. — Et d^elle^ Helène Françoise Tronsson âgée de 23 ans fille de Mr Nicolas Tronsson et de defuncte Marie Magdelaine Sutaine.

S. Etienne.

1765 28 décembre. — Bapt. de Nicolas fils de Mr Claude Ruinart et de madame Helene F^oise^ Tronson. — Par. N^as^ Ruinart et madame Sobinet.

S. Michel.

1767 1er janvier. — Bapt. de Marie Therese fille de Mr Claude Ruinart et de M^de^ Helene Françoise Tronsson Sutaine.

1770 30 nov. — Bapt. de Jean Irénée fils de Mr Claude Ruinart avocat en Parlement et de madame Helene F^oise^ Tronsson. Par Mr Jean Querangal de Quervisio receveur des fermes du roi de la ville de Reims et madame Barbe Nicole Ruinart epouse de Mr Huart Le Tertre.

1779 26 octobre. — Mort de Mlle Charlotte Marie Magdelaine fille de Claude Ruinart Ecuyer conseiller secrétaire du roy maison couronne de France et de ses finances seigneur de Brimont âgée de 15 ans 1/2 et de Heleine Françoise Tronson.

Mairie de Reims.

27 nivose an 2.— Contrat de mariage entre Nicolas Ruinart âgé de 28 ans negociant dem^t^ chez le citoyen Claude

Ruinart aussi négociant et la citoyenne Helene F[oise] Tronsson, ses père et mère, rue d'Oignon.

Et F[oise] Julie Vanderveken, 25 ans, fille de Théodore F[ois] Joseph Vanderveken, négociant, et de la citoyenne Jeanne Marie Madeleine Tronsson... dem[t] rue St Symphorien.

(Extrait des Archives de l'Etat-Civil, à l'Hôtel-de-Ville de Reims.)

II

BIBLIOGRAPHIE

1° ŒUVRES DE D. RUINART.

1. — *Acta primorum Martyrum sincera et selecta, ex libris cum editis, tum manuscriptis collecta, eruta vel emendata, notisque et observationibus illustrata, opera et studio Domni Theoderici Ruinart, presbyteri et monachi benedictini è congregatione sancti Mauri, His præmittitur præfatio generalis, in qua refellitur dissertatio XI. Cyprianica Henrici Dodwelli de paucitate Martyrum.* (Ecusson de M. Le Tellier sur le titre). M. de Lama estime ce vol. de 8 à 10 fr., un vol. in-4°, Paris, Muguet, 1689.

— Le même ouvrage, (*Editio II emendata et aucta*). Le *Manuel du Libraire* de Brunet estime ce volume de 24 à 30 fr. Un vol. in-f°, minin., Amsterdam Wetstein, 1713.

— Le même ouvrage, 1 vol. in-8°, Vérone, 1734; M. Scheuring estime ce volume de 20 à 25 fr.

— Le même ouvrage, 3 vol. in-8°. Augsbourg, 1802.

— Le même ouvrage, (*Acced. acta SS. Firmi et Rustici*). 1 vol. grand in-8°, Ratisbone, 1859.

— Le même ouvrage, traduit en français par Drouet de Maupertuy, sous ce titre: *Les Véritables actes des Martyrs*. 2 vol. in-8°, et 2 vol. in-12, Paris, 1708.

— Le même ouvrage, 2 vol. in-8°, Paris, 1739.

— Le même ouvrage, 2 vol. in-8°, Besançon, 1818.

— Le même ouvrage, 3 vol. in-12, Lyon, 1818.

— Le même ouvrage, 3 vol. in-18, Paris, *Société Catholique des bons Livres*, 1825 et 1827.

— Le même ouvrage, in-12, Clermont-Ferrand, 1856.

— Le même ouvrage, traduit en allemand sous ce titre : « *Aechte und ausgewœhlte Akten der Martyrer.* » 6 band. Vienne, 1831-35.

— Le même ouvrage, traduit en italien, par F.-M. Luchini, 4 vol. in-4°, Rome, 1777.

2. — *Historia persecutionis Vandalicæ in duas partes distincta. Prior complectitur libros quinque Victoris Vitensis episcopi, et alia antiqua monumenta, ad codices manuscriptos collata et emendata, cum notis et observationibus ; posterior, commentarium historicum de persecutionis Vandalicæ ortu, progressu et fine.* 1 vol. in-8°, Paris, Fr. et Th. Muguet, 1694. M. de Lama l'estime à 4 fr.

— Le même ouvrage, in-8°, Paris, Rolin, 1737.

— Le même ouvrage, in-4°, Venise, 1732.

3. — *Sancti Georgii Florentii Gregorii episcopi Turonensis opera omnia, necnon Fredegarii Scholastici epitome et chronicum, cum suis continuatoribus, et aliis antiquis monumentis : ad codices manuscriptos et veteres editiones collata, emendata et aucta atque notis et observationibus illustrata.* In-f°, Paris, Muguet, 1699. 1403 pages ; armoiries de Harlay en tête de la dédicace ; vue du portail de Saint-Germain-des-Prés, à la page 1374. Le *Manuel du Libraire* dit que cette première édition est fort recherchée et peu commune, d'une valeur de 60 à 72 fr. M. de Lama l'estimait à 60 mrk. en 1879.

— L'*Historia Francorum* de S. Grégoire de Tours a été rééditée par D. Bouquet, dans le tome II des *Historiens des Gaules et de la France*, in-f°, 1739. Elle le fut pour la *Société de l'Histoire de France*, par MM. Guadet et Taranne (Paris, 1836-39, 4 vol. in-8°). — M. Guizot en a publié une traduction en 1823, dans la *Collection des Mémoires relatifs à l'Histoire de France*, réimprimée en 1861 par M. Alfred Jacobs. (2 vol. in-8°, Paris. Didier.)

4. — *Apologie de la mission de Saint Maur, apôtre des Bénédictins en France, avec une addition touchant Saint*

Placide premier Martyr de l'Ordre de Saint Benoist. In-8°, Paris, P. de Bats, 1702, 180 pages, deux planches ; l'une en frontispice représente Saint Maur recevant la règle de Saint Benoit, *Landry fecit*; l'autre à la page 266, plan, *Ecclesia Sancti Iohannis Bapt. Messanensis,* mosaïque et sépultures.

5. — *Ecclesia Parisiensis vindicata adversus R. P. Bartholomæi Germon duas disceptationes de antiquis Regum Francorum diplomatibus.* In-12, Paris, Muguet, 1706, 95 pages.

6. — *Abrégé de la vie de dom Jean Mabillon, prêtre et religieux Bénédictin de la Congrégation de Saint Maur.* In-12, à Paris, Fr. Muguet et Ch. Robustel, 1709, avec portrait de Mabillon, gravé par P. Franç. Giffart. M. de Lama estime ce volume de 6 à 8 fr.

— Le même ouvrage, traduit par D. Claude de Vic, sous ce titre : *Vita Joan. Mabillonii, Presbyteri et Monachi ord. Sancti Bened., Congr. Sancti Mauri, a Th. Ruinart ejus socio olim gallice scripta, nunc vero ab alio ejusd. Congr. Mon. in latinum sermonem translata, rerumque nova accessione aucta.* In-8°, Padoue, Manfré (ex typogr. Seminarii), 1714.

7. — *Ouvrages Posthumes de D. Jean Mabillon et de D. Thierri Ruinart, Bénédictins de la Congrégation de Saint Maur,* par D. Vincent Thuillier, Bénédictin de la même Congrégation, 3 vol. in-4°, Paris, Babuty, Josse et Briasson, 1724.

Ouvrages spéciaux de D. Ruinart, dans le tome II, p. 399 à 550, *Dissertatio historica de Pallio Archiepiscopali, auctore D. Theoderico Ruinart, è cong. S. Mauri ;* dans le t. III, p. 1 à 410, *Synopsis vitæ Urbani papæ secundi, cum Appendice*(1), — et p. 411 à 500, *D. Theoderici Ruinarti Iter litterarium in Alsatiam et Lotharingiam, anno 1696.*

(1) Rééditée dans la *Patrologie* de Migne, t. CLI, col. 9 à 583.

Le *Voyage en Alsace et en Lorraine* a été traduit et publié en 1826, dans le *Journal de la Société Académique de Strasbourg*, et réédité sous ce titre :

Voyage littéraire en Alsace par dom Ruinart, traduit du latin, accompagné de notes et de dessins lithographiés ; et précédé d'un coup d'œil historique sur la littérature alsatique du moyen âge, par M. Jacques Matter, inspecteur de l'Académie de Strasbourg, in-8° de 151 pages, planche finale, Strasbourg, F.-G. Levrault, 1829.

— Le même ouvrage fut encore publié à Nancy en 1862, avec une table alphabétique des noms de lieux. 1 vol. in-8° dans la *Collection des Documents sur l'histoire de Lorraine* publiée de 1855 à 1870 par la Société d'archéologie Lorraine. — Le passage qui concerne Reims a été traduit dans les *Travaux de l'Académie de Reims*, t. LXIV, p. 348.

Correspondance inédite de Mabillon et de Montfaucon avec l'Italie, contenant un grand nombre de faits sur l'histoire religieuse et littéraire du XVIIe *siècle*, par M. Valery, bibliothécaire du roi au Palais de Versailles, 3 vol. in-8°, Paris, Guilbert, 1847.

Ce recueil contient un grand nombre de lettres écrites à D. Ruinart, ou adressées par lui à ses confrères à l'occasion de leurs voyages en Italie. L'analyse s'en trouve au t. III, p. 432.

Un compte-rendu de cette publication a paru dans la *Bibliothèque de l'Ecole des Chartes*, 1846. t. III, p. 257, et dans la *Revue des Deux-Mondes*, 1er Janvier 1847, p. 325.

2° NOTICES ET ETUDES SUR D. RUINART

1. — *Annales Ordinis S. Benedicti...* Tomus V, in-f°, 1713, p. XXXIV, *Domni Theoderici Ruinart vitæ compendium* (par D. René Massuet), notice sur D. Mabillon, puis abrégé de la vie et des œuvres de D. Ruinart, en onze chapitres (49 à 59).

2. — *Histoire littéraire de la congrégation de Saint-Maur* (par D. Tassin), in-4°, Paris et Bruxelles, 1770, p. 273 à 283, notice sur la vie et les ouvrages de D. Ruinart. — Le *Supplément*, publié dans le *Cabinet historique*, par M. Ulysse Robert, ne contient rien sur D. Ruinart.

3. — *Journal des Savans*, du lundi 3 mars 1710, article sur D. Ruinart par M. Dupin, p. 129 à 131.

4. — *Acta primorum Martyrum.... Editio secunda...* Amstelaedami, ex officina Wetsteniana, in-f°, 1713, l'*Avis au lecteur* contient des détails biographiques sur l'auteur.

5. — *Biographie universelle*, Paris, Michaud, 1825, t. XXXIX, p. 301 à 303, notice signée L — b — e, qui n'est qu'une analyse de D. Tassin.

6. — *Nouvelle Biographie générale*, Paris, F. Didot, 1863, t. XLII, col. 890 à 893, notice signée H. Bordier, pleine d'indications puisées aux sources.

7. — *Note relative aux travaux de dom Ruinart sur les œuvres de Grégoire de Tours*, par H. L. Bordier, en tête du *Livre des miracles et autres opuscules de Grégoire de Tours*, publiés par la Société de l'Histoire de France en 1857, t. I, p. III à XL, et 395 à 397, où se trouvent trois lettres inédites relatives à cet ouvrage ; — t. IV, p. 301, bibliographie de Grégoire de Tours.

8. — *Les Actes des Martyrs*, supplément aux *Acta sincera* de dom Ruinart, par M. Ed. Le Blant, dans les *Mémoires de l'Académie des Inscriptions et Belles-Lettres*, t. XXX, IIe partie, et volume tiré à part de 292 p. Paris, Champion, 1882.

9. — *Biographie Rémoise*, par H. Danton, Reims, Brissart, 1855, p. 90.

10. — *Description historique de Reims*, par J.-B.-F. Géruzez, Reims, 1817, p. 544.

3° PAPIERS DE D. RUINART A LA BIBLIOTHÈQUE NATIONALE.

Mss. du fonds latin. — N° 13106, *Extraits de divers auteurs*. — N° 12595, *Recueil sur les Actes des Martyrs*. — N° 11,563, *Variantes sur la Bible*. — N° 16,997, *Recherches sur Urbain II*.

Mss. du fonds français. — *Correspondance de dom Ruinart*, Nos 19,665 et 19,666, Recueil considérable de lettres presque toutes inédites, le premier de 325 folios, le second de 298 folios. M. Bordier y a compté 64 minutes de lettres de D. Ruinart, et 268 originaux de lettres qui lui furent adressées par les érudits de son temps. — *Lettres écrites à D. Ruinart sur D. Mabillon*, n° 19,639, recueil de 408 folios. — C'est dans ces divers recueils que nous avons copié les vingt pièces qui suivent, regrettant de n'avoir pu en extraire un plus grand nombre. Toute cette correspondance bénédictine doit être d'ailleurs, un jour, l'objet d'une publication d'ensemble dans la *Collection des documents inédits*, éditée par le ministère de l'Instruction publique. Les érudits attendent avec un vif intérêt la réalisation de ce projet, trop longtemps retardé par diverses circonstances.

4° Bibliothèque de Reims.

En attendant la mise au jour de ces précieux documents, nous avons cru utile de joindre aux quelques lettres transcrites par nous à la Bibliothèque Nationale, toutes celles que possède en original ou en copie la Bibliothèque de Reims, grâce aux soins éclairés de son conservateur, M. Ch. Loriquet. Ce dépôt possède aussi des pièces relatives à l'affaire de l'*Histoire générale de la Maison d'Auvergne*, notamment le procès-verbal d'expertise des titres de Saint-Julien de Brioude, signé le 23 juillet 1695 par Baluze, D. Mabillon et D. Ruinart. Cfr. *Le Cardinal de Bouillon, Baluze, Th. Ruinart dans l'affaire de l'Histoire générale de la Maison d'Auvergne*, par Ch. Loriquet, in-8°, Reims, 1870, extrait des *Travaux de l'Académie de Reims*, t. XLVII, p. 265.

III

NOTICE SUR D. MABILLON

Copie de la Notice du Nécrologe de S. Germain des Prés sur dom Jean Mabillon, faite sur l'original de la Bibl. Nat. par Mme Al. Hurtrel (août 1880).

D. JEAN MABILLON.

Le 27e jour du mois de décembre 1707, nous avons perdu un des plus grands hommes de nostre ordre et peus dire de toute l'Eglise par la mort du R. P. dom Jean Mabillon, religieux de nostre congrégation dans ce monastère. Il étoit né le 23 novembre 1632, dans un village du diocèse de Reims en Champagne, situé à deux lieues en deça de Mouzon, auprès de la fameuse Chartreuse de Mont-Dieu, appellé Saint Pierremont; il fut envoyé de bonne heure à Reims où il fit toutes ses études au collège de l'Université avec une grande distinction, il y reçut le degré de maitre es arts et y étudia un an en Théologie, on luy donna mesme une place dans le séminaire de l'église métropolitaine, mais tout cela ne l'aresta pas, il pensa sérieusement à quitter le monde et fut reçu en nostre Congrégation dont il reçut l'habit en la célèbre abbaye de Saint-Remy de la mesme ville en 1653, des mains du R. P. dom Mommol Geofroy Prieur de ce monastère. Il fit l'année suivante profession entre les mains du R. P. dom Vincent Marsolle qui a été depuis général de nostre Congrégation. Il donna dès lors de grandes espérances de devenir un des meilleurs sujets de nostre Congrégation, mais il fut attaqué de maux de teste si violens qu'il se trouva incapable de toute application, ce qui obligea de l'envoyer demeurer à Nogent-sous-Coucy pour le desocuper de toutes choses et tâcher par là à le remectre. Il y reçut les ordres mineurs avec le soudiaconat et le diaconat, et fut enfin envoyé à l'abbaye de Corbie pour tâcher de le remestre. Et comme il n'étoit capable de rien, on le chargea de tous les offices les plus vils, sans vouloir luy permestre daucune application à l'étude. Il fut guéri par une espèce de miracle par les prières de St Adelard dont il fit en reconoissance premièrement les hymnes puis tout l'office, il fit ensuitte celles de Ste Bathilde et enfin tout le propre du monastère. On le fit cellerier, mais ne s'accomodant pas de cet offre qui étoit trop dissipant, il pressa les supérieurs de l'en décharger, ce qu'il obtint et il fut envoyé à St Denys en France où il passa lannée 1663 à montrer le thrésor et à faire les prédications et les catéchismes. Ensuitte Dom Luc d'Achery bibliotécaire de St Germain-des-prés ayant demandé quelqu'un pour l'ayder en ses Etudes, on luy donna le père Dom Jean Mabillon qui vint demeurer en ce monastère à cette occasion. Il ayda beaucoup dom Luc à la continuation de son spicilege dont il imprimoit pour lors le VII volume. Il eut aussy beaucoup de part à l'Edition des œuvres de Petrus Cellensis. Mais sa principale occupation étoit de revoir les ouvrages de Saint Bernard sur des Manuscrits parce que Dom Claude Chantelou qui avoit déjà donné un in-4° des sermons, etc., de ce père vouloit en donner une édition entière. Mais ce père mourut peu après et par là Dom Jean Mabillon se trouva chargé de faire luymesme ceste Edition qu'il donna en effet peu de temps après avec le succès que l'on sçait; il l'imprima en mesme temps in-folio et in-octavo. On le chargea ensuite d'imprimer les Actes des Saints de nostre Ordre dont il donna le premier volume en 1668, et les autres dans les années suivantes jusque neuf volumes in-folio. Les Préfaces de ces volumes ont été extrêmement estimées. En 1674, M. Le

Cardinal Bona qui faisoit une estime toute particulière du P. Mabillon, l'engagea à faire le petit traitté de *Azimo et fermentato*. Il donna en plúsieurs années quatre volumes d'anciennes pièces sous le titre de *Vetera Analecta*. Le 4e contient à la liste, la description du voyage qu'il fit en Allemagne en 1683, par ordre du Roy à la sollicitation de M. Colbert, ministre d'Estat, a qui il avoit dédié le fameux ouvrage *de re Diplomatica*. Il dédia celuy *de Liturgia Gallicana* à M[r] L'archevesque de Reims qui parla de Luy au Roy, et ce prince voulut que dom Jean Mabillon fit le voyage d'Italie comme envoyé de sa part pour ramasser les livres curieux et les anciens monumens pour mectre à la Bibliothèque Royalle. Il fit ce voyage en 1685 et 1686 et en raporta plusieurs volumes très rares, environ au nombre de trois ou quatre milles. Il donna la description de ce voyage au 1er tome du *Museum italicum* qui fut suivi peu après du 2e dans lequel on trouve plusieurs beaux monumens pour les Ordres Romains. On ne peut exprimer avec quelle honneur il fut reçu par tout; le Grand Duc, les gouverneurs du Milanois, le Vice Roy de Naples, les Cardinaux à Rome luy firent des honneurs extraordinaires. Il fut fait consulteur et qualificateur de la Congrégation de l'Indice. De retour en France, il écrivit le traitté des Etudes Monastiques, et ensuitte les réflexions contre la réponse de M[r] l'abbé de la Trappe; il soutint les droits de l'ordre contre les chanoines réguliers qui vouloient avoir la préséance dans les Etats de Bourgogne. Il écrivit aussy sur l'Institut de l'abbaye de Remiremont en Lorraine et fit plusieurs autres petits traitez, entre autres un sur les Saints Batizez qui a fait beaucoup d'éclat, la seconde édition de St Bernard, in-folio, dédiée au Pape Alexandre VIII, un supplément à la Diplomatique qu'un Jésuite avoit attaqué mal à propos. Enfin il s'adonna entièrement à la composition des Annales de nostre Ordre dont il a laissé quatre volumes in-folio d'imprimez, et de la matière pour un cinquiesme qui va jusqu'en l'an 1157.

Le premier jour de décembre de ceste année, après avoir célébré la Ste Messe, il partit pour aller à l'abbaye de Chelles, et sur le chemin il se trouva attaqué d'une suspension d'urine, il ne laissa pas que de continuer son chemin. Là son mal ne fut pas connu ; il y resta néantmoins 8 jours, parce qu'on espéroit que son mal se guériroit, on fut obligé de le raporter, et il en fallut venir à la sonde qui le soulagea, mais bien tard. En sorte que soit qu'il eust été blessé, soit que le sejour de l'urine eust gasté les conduits, on ne pouvoit introduire la sonde qu'avec grand danger, de sorte qu'on étoit obligé de luy laisser incessamment ce qui luy causoit une grande contrainte, car il ne pouvoit pas absolument se remuer. La crainte de l'augmentation de la fièvre fit qu'on luy interdit toute nourriture solide. Il n'est pas concevable combien il souffrit pendant tout ce temps-là, mais avec une patience angélique, toujours apliqué à Dieu, et se réjouissant d'être attaché à la croix avec son Sauveur, ne manquant à rien de son office; s'entretenant en prières ou avec de saintes lectures, et cependant toute la ville étoit inquiète, les personnes même de la première qualité le venoient visiter ou y envoyoient assiduement. On faisoit faire partout des prières pour sa santé etc. Sa maladie augmenta beaucoup vers le 20. Il reçut les sacremens avec une piété toute singulière le 21, et communia encore la nuit de Noel. Et le 27, jour de sa mort, il passa la dernière nuit et le jour suivant dans une application à Dieu continuelle, accablé de douleurs pour le corps, mais qui ne faisoient qu'augmenter la ferveur de son esprit, et enfin rendit son âme à Dieu en le priant et le louant, sur les cinq heures du soir, le jour de la St Jean son patron, toute la communauté y étant présente en prières et en larmes. Il s'y trouva aussy plusieurs personnes de dehors, entre autres M^r^ Le Pelletier ministre d'Estat etc. On n'a jamais vu de funérailles si sollennelles pour la piété et les gens de toute conditions qui s'y trouvèrent. Il y avoit des Religieux de tous les ordres qui y assistèrent avec des abbés réguliers, ensuitte plusieurs ecclésiastiques, des gens de robbe, des autres et toutes ces personnes de distinction voulurent avoir des cierges et marcher processionellement au convoy en chantant comme les Religieux, meslant leurs voix et leurs larmes ensemble. Il fut enterré de ceste sorte le 28, en la grande chapelle de Nostre Dame au haut de la première arcade, en entrant à main droite, auprès de la muraille. Le lendemain le concours de toutes sortes de personnes augmenta. On dit des messes pour luy aux trois autels de la grande chapelle et dans l'église depuis le matin jusqu'à midy. On fut obligé d'ajouter trois rangs de bans sous le chœur où se trouvèrent des religieux de tous les ordres, deux ou trois généraux d'ordre, des abbés, des conseillers d'Estat. Enfin personne n'épargna rien pour témoigner la vénération que l'on avoit pour ce saint homme. On fit ensuite des prières dans les autres églises, ce qui se communiqua dans les Provinces. On luy fit des services sollennelles, mais cela n'est pas de nostre sujet. On a imprimé beaucoup de choses pour sa mémoire. Le pape ayant appris sa mort en pleura, aussi bien que plusieurs autres Prêtres. Sa Sainteté fit écrire qu'on luy feroit plaisir de mettre son corps en un lieu de distinction avec une inscription qui le marquat. Cependant jusqu'à présent cela n'a pas été exhécuté, on s'est contenté de mettre sur sa fosse, comme sur celle des autres, une petite pierre en carré, avec ces mots :

27 décembre
1707.

(*Bibl. Nat.*, Mss. Saint-Germain-des-Prés, fr., 16861, f° 38 à 42.)

POÉSIES DIVERSES A LA LOUANGE DE D. MABILLON
RECUEILLIES PAR D. THIERRY RUINART

(*Bibl. Nat.*, Mss., Fr., 19,639,)

†

M. Le Comte,

Quam pia simplicitas, quam vera modestia vultus,
Non tamen in toto doctior orbe fuit.

(f° 347.)

Quem scriptis celebrem transvexit ad æthera virtus,
Ossa Mabillonii, grata recondit humus.
Vir tantus situs est illic : at scripta manebunt,
Tot libri in tumulo non potuere capi.

(f° 348.)

Lettre à D. Ruinart.

Mon Révérend Père,

Voici deux vers qu'on m'a envoyez touchant le Père Mabillon. Ils suposent qu'on sache que le Père Mabillon a dit dans les Estudes monastiques qu'il aime mieux un *hic jacet Sugerius abbas* que tous les grands éloges de prose carée etc.

Cui satis, est visum, Jacet hic Sugerius abbas,
Huic certe, jacet hic Mabilio, satis est.

Ils sont de D. Luc Bourdillac.

(f° 356.)

Quos pinxit calamo patres, hos, moribus omnes,
Vivens, et moriens, reddidit ille suis.

(f° 368.)

Subscribendum imagini D. Joannis Mabillon.

Ære Mabillonius spirat redivivus in isto,
Quem labor assiduus, quem veri semper amica
Commendat probitas, et quem rarissima virtus
Nullo, magna licet, corrupta scientia fastu.

A Dno de La Monnoye.

(f° 371.)

Hic jacet Mabillonius.
Prædicavi satis
Quia in eodem tumulo jacent, quiescunt :
Divitiæ salutis
Sapientia et scientia.
Timor Domini ipsa est Thesaurus dives,
Veré, veré hic est thesaurus absconditus.
Requiescat in Pace.
Amen.

Dom Robert Marchand
assistant du Tr. R. Père général.

(fo 378.)

Scripta patrum factis, scriptis expressit et acta
Fratribus asseruit studia et diplomata sanxit.
Doctrina insigni celebris, magis inde modestus
Pacis amans, pietate gravis Mabillonius ille est

Du sous prieur de Vendôme.

(fo 343.)

IV

CORRESPONDANCE INÉDITE
DE D. MABILLON ET DE D. RUINART

(1668-1709)

Recueil de lettres écrites par eux ou à eux adressées, d'après les documents de la Bibliothèque Nationale et de la Bibliothèque de Reims.

Nous avons réuni ici le plus possible de pièces relatives à cette correspondance littéraire. Sur les 62 lettres qui suivent, 40 sont empruntées au dépôt de la Bibliothèque de Reims, qui comprend 18 pièces originales et 22 copies modernes. — Les 22 autres lettres sont tirées de différents fonds de la Bibliothèque Nationale, et concernent presque toutes la ville et les abbayes de Reims.

Nos recherches nous font considérer ces 62 lettres comme des documents inédits ou imparfaitement reproduits ailleurs : 4 sont écrites par D. Mabillon à D. Ruinart, 6 sont écrites par D. Mabillon à divers, 8 sont adressées à D. Mabillon ; — 2 sont écrites par D. Ruinart, et 42 lui sont adressées par ses confrères ou par des correspondants animés d'un même zèle pour l'étude.

Eu égard à leur objet, 18 lettres concernent le voyage d'Italie en 1685, et ont échappé à M. Valery ;

— 12 lettres sont relatives à la mort de D. Mabillon; —les 32 autres traitent de nombreux sujets d'érudition, parmi lesquels il faut citer les Actes des Martyrs, la réforme de Remiremont, les abbayes de Fécamp, du Bec, de Saint-Josse, etc... Toutes les pièces ont un intérêt particulier, mais leur collection peut surtout servir à la publication d'ensemble de la Correspondance bénédictine que nous appelons de tous nos vœux.

1

D. Bretaigne (1) à D. Mabillon.

Reims le 30 mai 1668.

Pax Christi

Mon Révérend Père,

Vostre petit billet m'a esté une marque du souvenir que vous conservez pour moy dont je vous remercie très humblem^{t}, je vous asseure que le vostre m'est toujours cher et très présent. Mr Bouton et M. Frique parle souvant de vous, ce dernier est un honeste homme et de beaucoup d'esprit; j'ai de la complaisance d'avoir contribué à luy ouvrir la porte de St Remy. Il court une poésie par la ville dont le bruit commun le faist autheur : il a assez d'esprit pour en faire une aussy bonne, mais je ne le lourois de dire qu'il a composé celle là, car elle est trop offençante ; le sujet de la pièce est un différent entre le Chapitre et Mgr l'archevesque. Je ne vous dois plus offrir mon service pour icy, vous me

(1) D. Claude Bretaigne, natif de Semur, diocèse d'Autun, fit profession à Moutiers-St-Jean, diocèse de Langres, le 6 novembre 1644, à 19 ans. Il devint prieur de Saint-Remi de Reims en 1666, et mourut le 13 ou le 23 juillet 1694, à Bonne-Nouvelle de Rouen. Cfr. *Hist. Litt.* par D. Tassin, p. 156. — M. Frique ou Le Frique, dont il est question dans cette lettre, fut l'un des professeurs de Mabillon au collège de Reims. *Travaux de l'Académie de Reims*, t. LXIV, p. 228 et 231.

croies trop inutile puisque vous ne me chargez de rien. Il est pourtant très vray que je suis au moins du cœur,

Mon Révérend Père,

Vostre très humble et affectionné conf.,

F . Claude Bretaigne.

(*Bibl. nat.*, Fr. 19,650, f° 379.)

2

D. Fillatre à D. Mabillon.

Pax Christi 27 sept. 1669

Mon Révérend Père,

Comme vostre Révérence a une parfaite connoissance des vies des SS. de l'ordre, et quelle na pas moins de zèle pour leur gloire, j'ay creu que nostre premier abbé, le B. Guillaume, estant un des plus célèbres, elle aura la bonté de nous aider de ses connoissances pour luy faire rendre icy les honneurs qu'il mérite par la célébration de sa feste et de son office, comme l'on ma dit qu'on faisoit à Dijon. Ayant gouverné ce monastère pendant 30 ans et layant fait aussy bien dépositaire de son corps après sa mort que de son esprit durant sa vie, il mérite bien que nous révérions sa mémoire par quelque culte particulier, puisque Dieu mesme l'a bien voulu rendre glorieuse par des miracles à son tombeau rapportez par Glaber Radulphe dans son histoire. Il est vray que Bolandus dit n'avoir encore peu scavoir s'il estoit canonizé, et Roverius qui a fait des remarques sur la vie qu'il en a donnéau jour et qu'il a tirée non seulement de celle qu'en a escrit Glaber, et de ce qu'il en a dit ailleurs dans son histoire, mais encore de la cronique de S. Benigne et dautres mémoires, ne nous en apprend rien. Mais comme V. R. a plus de lumière qu'eux sur ce sujet, j'espère qu'elle aura la bonté de nous en communiquer par avance autant qu'il en faut pour cet effet, en attendant qu'elle les rende publiques. C'est ce que je luy demande avec tous les degrez de comparaison qu'on demande pour la canonization des SS. à Rome, instanter, instantius, instantissime, pourveu que cela ne luy soit point incommode. En voilà bien assez pour moy. Mais je suis encore chargé d'une requeste pour les autres. C'est à l'occasion d'un tableau du rosaire que lon a fait faire pour le prieuré de Nostre-Dame où la confrairie en est establie, dans lequel on a représenté St Pierre l'hermite comme autheur de cette dévotion d'un costé, et de l'autre St Dominique comme le propagateur. On prie V. R. de vouloir mander son sentiment la dessus, et appuier cette peinture de quelques preuves. Je scais bien que Polydore Virgile, Arnauld Vuion, Pineda et quelques autres sont pour Pierre l'hermite, et disent qu'il l'inventa pour la commodité de ceux qui ne pouvant pas réciter l'office de la Vierge dans le voiage de la guerre sainte soubz Urbain second, y pouvoient suppléer par cette dévotion facile et dont tous ceux qui ne pouvoient pas lire estoient capables, néantmoins l'autre opinion est communément receue; les Jacobins la deffendent. Monsieur de Sponde la confirme et les papes mesmes Pie 5 et Grégoire 13 l'authorisent dans leurs bulles. On pourroit le disputer et à l'un et à l'autre, et dire que cette dévotion (est plus ancienne) dans l'église que ces deux saints religieux. Aquensis soustient qu'elle est née avecque l'église mesme. On peut voir dans Palladius et Sozomène que l'abbé Paul disoit un certain nombre d'oraisons qu'il contoit avec des petites pierres, per calculos. Enfin le B. Alain de la Roche dit que selon quelques uns le vénérable Bède en est l'autheur. Mais cette critique est de vostre mestier et non pas du mien. C'est pourquoy je n'en diray pas davantage, de peur de tout gaster et d'abuser de vostre temps qui est destiné à de plus grandes choses : in publica commoda peccem si longo sermone morer tua tempora... Je finis donc en me recommandant aux SS. Sacrifices de vostre (R.) et la priant de croire que je suis,

Mon Révérend Père,

vostre très humble et affectionné confrère,

F. Fillastre M. B.

A Fescamp ce 27 sept. 1669.

Nos recommandations s'il vous plaist aux RRPP. Dom

Robert Quatremaires, D. Luc dachery, D. Jean Barré etc.

Adresse : Au Révérend Père Dom Jean Mabillon, Religieux Bénédictin à St Germain des Prez
Paris.

(*Bibliothèque de Reims*, pièce originale.)

3

D. Mabillon à D. Bernard Audebert.

Benedicite,

Mon Révérend Père,

Voici un petit modèle que j'envoye à V. R. pour dresser la carte dont je vous ay écrit. Je l'ay fait pour satisfaire au désir de nos révérends pères. La pratique en pourra donner une plus juste idée.

Dom Estienne du Laura me mande qu'il achève l'histoire de St-Maurin. Je l'ay prié d'en dresser un abrégé pour la chambre commune, suivant le projet que j'ay pris la liberté d'insinuer à V. R. Je croy qu'il ne seroit pas marry d'aller faire l'histoire de la Seauve. Je prie N. S. qu'il vous conserve et vous donne les grâces nécessaires pour achever heureusement le Chapitre.

Mon Révérend père, Votre très obéissant religieux,

F. Jean Mabillon M. B.

Ce 6 Juin 72.

(*Pièce annexe.*) Projet pour représenter, en une ou plusieurs cartes, l'abrégé de l'histoire de chaque monastère.

Cet abrégé se peut réduire à 4 ou 5 tiltres.

Le 1er seroit de la fondation et divers succès considérables du monastère, parmi lesquels on doit marquer s'il a toujours subsisté depuis sa fondation, son rétablissement, s'il a esté détruit, brulé ou ruiné, s'il a toujours esté possédé par les religieux de notre Ordre ou si les chanoines y ont fait quelque demeure etc.

Le 2e Tiltre ou chef seroit des abbés, dont on marqueroit

l'election, les principales actions en deux mots, et l'année de la mort.

Le 3e seroit des Sts et des hommes illustres, en spécifiant sous quel abbé chacun d'eux aura vécu.

Le 4e seroit des principales reliques des Saints, par qui et en quel tems elles ont été données au monastère et quelle a esté la vénération particulière que les peuples leur ont rendue.

Le 5e seroit des principaux bienfaiteurs.

Suscription : Au Révérend Père Bernard Audebert du chapitre général à St Benoist.

(*Bibliothèque de Reims*, copie.)

4

J. B. Thiers à D. Mabillon (1).

Je vous doibs un ample remerciment, mon révérend Père, pour le beau et riche présent que vous m'avez fait de votre dernier ouvrage. Comme il n'y a que très peu que je l'ay receu, je n'ay pu encore le lire d'un bout à l'autre. J'ay seulement leu vostre préface qui m'a paru belle et bien remplie. L'Eglise vous est asseurement obligée des recherches curieuses que vous avez données au public dans cet ouvrage. Vous y avez judicieusement traité les questions des images, de l'hémine de St-Benoist et de la propagation de vostre ordre en France. J'eusse souhaité que vous y eussiez un peu parlé plus au long de l'addition *filioque* au symbole, car il me semble que vous avez trop laissé les lecteurs sur leur appétit. A cela prest, je suis très satisfait du reste, et je vous y reconnoist tout entier, c'est à dire cette douceur, cette honnesteté et cette sagesse que j'ay toujours remarqué en vous depuis que j'ay

(1) Cette lettre est une réponse à l'envoi du Tome IV des *Acta Sanctorum ordinis S. Benedicti*.

l'honneur de vous connoistre. Je vous rends très humbles grâces, mon révérend père, de vostre présent, et je vous assure que je le conserverai précieusement, comme je fais tout ce qui vient de vostre part. Je vous souhaite autant de santé que vous en avez besoin pour venir à bout de vos glorieux desseins. *Euge (serve) bone et fidelis.* Je suis toujours tout à vous et de tout mon cœur.

J.-B. THIERS.

à Champrond ce 8 novembre 77.

Suscription. — Au Révérend Père Dom Jean Mabillon, religieux bénédictin à St-Germain des Prez, à Paris.

(*Bibliothèque de Reims*, copie).

5

D. Mabillon à l'un de ses confrères.

à Cluny ce 12e may 1682.

Il faut donc vous obéir, mon révérend Père, et s'en aller à Ambournay et à la Chartreuse des Portes. Nous partirons demain pour cela. Nous avons eu icy un tremblement de terre la nuict de lundy au mardy dernier. Toute notre chambre en fut ébranlée. Des paysans qui estoient en campagne ont esté jettez par terre avec leurs bestes. Nous vous dirons des nouvelles des sermons de St Césaire à notre retour. Nous nous portons bien l'un et l'autre, Dieu mercy. Nos respects au R. P. Prieur. Je salue le R. P. Soupr et toute la bande et ce qui tient. Je suis votre FR. JEAN MABILLON, M. B. Obligez moy aussi de présenter mes respects au R. P. Prieur de Blois.

(*au dos*) pour mademoiselle Le Painctre
13 mai 82.

(*Bibl. Nation.*, Fr. 19,659, fo 7.)

G

D. Mabillon à D. Ruinart (1).

Pax Christi. † A Soissons ce 1er novembre 1683.

Mon très cher et Révérend Père,

Je ne scay si vous aurez esté à Meaux pour la feste, mais je ne doute pas que vous n'aiyez bien murmuré contre moy de vous avoir manqué de parolles. Cependant je ne doute pas aussy que vous ne me fassiez justice, et que vous ne soiyez persuadé que j'aurois eu bien du plaisir d'arriver à Meaux au jour que je vous avois marqué pour vous y embrasser. Mais enfin nous n'avons pu le faire, nos chevaux estant las aussi bien que nous, et ayant besoin de repos. Nous avons vû M^r^ votre père et Mme votre mère à Reims, aussi bien que Mlle votre sœur, M^rs^ vos frères n'y estoient pas, ils estoient allé reconduire M^r^ votre oncle, le chanoine régulier, qui estoient party de Reims 2 jours avant notre arrivée. Nous avons esté de Reims à N. D. de Liesse pour y remercier Dieu de l'heureux succès de notre voyage. Nous partirons d'icy demain après l'office pour aller vers Meaux et nous espérons estre à Paris au plus tard samedy au soir. Obligez moy cependant de présenter nos respects au R. P. Prieur, et de faire nos civilités à tous nos Révérends pères, surtout au P. Soupr^r^, à D. Luc et à D. Thomas, D. Pierre, D. Valery et Ant., D. Jacques, D. Nicolas etc. Vous suppléerez le reste. Je suis comme vous le scavez,

Mon R. P.,

Votre cher et très affectionné confrère,

FR. JEAN MABILLON, m. b.

N'oubliez pas Mr Bulteau, notre bon amy, f. Mathia. — J'avois oublié de vous dire de retirer un pacquet du messager de Strasbourg.

(sans endossement)

(*Bibliothèque Nationale*, Fr., 19,659, f° 23.)

(1) Lettre écrite au retour du voyage d'Allemagne, auquel D. Thierry n'avait point participé.

7

D. Mabillon à D. Ruinart (1).

Pax Christi. † A Turin, ce 20 avril 1685.

Mon R. Père,

Nous arrivâmes icy samedy dernier après six jours et demie de marche au travers des Alpes. Nous avons eu le Doge à la rencontre, et nous avons couché dans le même lieu, c'est-à-dire à la Tour du Pin, le 9e du courant. Nous avons eu un temps assez favorable pour passer le Mont-Cénis, quoyque le froid et le vent ayent esté fort grands. Nous sommes arrivés icy le samedy de devant les Rameaux, en assez bonne santé, Dieu mercy. Nous assistâmes le lendemain à la chapelle que tint son Altesse royale dans l'église de Saint-Jean qui est la Cathédralle. Le lendemain nous disnâmes chez Mr l'Ambassadeur, et le mardy nous avons vû la Bibliothèque de son A., mais nous avons eu bien de la peine d'en profiter, à cause que les livres sont en pile et en confusion. Nous sommes allé le mercredy à un monastère de notre ordre, distant de cette ville de dix lieües appellé Savilien, ou nous n'avons rien trouvé. Nous en revinmes hier au soir. — Nous venons d'entendre la passion chez les PP. Minimes, qui à esté prêchée en françois par un docteur lorrain qui fust fort bien. Nous partirons d'icy, Dieu aydant, lundy prochain pour aller à Milan dans trois jours, par Verceilles et par Novarre. Je ne vous dis rien de la beauté de cette ville. La ville neuve est toute remplie de palais fort magnifiques. Il y a de très-belles ruës, et de fort belles places publiques. J'oubliois à vous dire que Mr Anisson nous attendoit icy, il y avoit six jours lorsque nous y sommes arrivé. Obligez moy de faire mes civilités à tous nos Réverends Pères et à tous nos

(1) Lettre envoyée au début du voyage d'Italie.

chers confrères, et de nous recommander à leurs prières. Tenez-vous toujours gay, et soyez persuadé que je suis

Mon R. P.

Votre très affectionné confrère etc.

FR. JEAN MABILLON, m. B.

Lorsque vous verrez nos messieurs obligez moy de leur présenter mes respects. Dom Michel vous salue.

D. THIERY

au dos : Pour le R. P. dom Thierry Ruinart.

(*Bibliothèque de Reims*, lettre autographe.)

8

D. Mabillon à D. Durban.

Benedicite † A Venise le 23 may 1685

Mon Reverend Pere,

Je ne veux point passer outre sans avoir l'honneur de vous faire scavoir des nouvelles de notre voyage, auquel je scay que vous prenez quelque part. Je vous puis dire en general que je le fais avec plus de facilité que je n'avois esperé, et j'espere moyennant la grace de Dieu que nous en sortirons l'un et l'autre bagues sauves. D. Michel a esté un peu indisposé a Lyon et moy a Milan : mais a present nous nous portons bien Dieu mercy. Nous avons passé les festes de Pasques a Turin et sommes venus de la a Casal, Verceille, Novare, et Milan ou nous avons resté 15 jours. Il auroit été necessaire d'y demeurer davantage pour faire ce qui estoit nécessaire a notre dessein dans la Bibliothèque Ambrosienne, mais deux raisons nous ont obligé d'avancer pays, la 1re pour ne pas donner trop d'ombrage a ces M[rs] dont vous connoissez bien le génie : la 2e afin d'arriver à Rome avant la St-Jean. Nous n'avons pas neanmoins oublié Aronne qui est distant de Milan d'une bonne journée. Nous y avons vû le fameux ms. de l'Imitation, quoyqu'avec assez de peine. Car estans arrivés en ce lieu environ a 17 heures d'Italie, un jeudy, nous ne trouvames chez les Peres Jesuites qu'un frère et le Pere Recteur qui partoit pour Milan tous les autres estant allé en recreation. Le P. Recteur nous dit qu'il seroit difficile de trouver le ms., que le Père pour qui nous avions des lettres de recommandation estoit dehors. Nous l'attendimes jusqu'a 23 heures auquel temps tous ces bons Pères revinrent chez eux. Celui auquel nous estions recommandés nous dit que le P. Recteur qui estoit allé a Milan avoit ce ms. dans sa chambre, ou pour le moins qu'il scavoit seul ou il estoit, et quainsy nous ne pourrions le voir. Nous resolumes donc de repasser le lac major aussitot, car il estoit tard. Estant arrivés au bord du lac et entrés dans la barque, deux bons Peres vinrent en grande haste nous apporter le ms. et nous prièrent avec beaucoup d'instance de retourner chez eux pour y loger. Nous les en remerciames, et nous nous contentames de considérer le ms. qui est fort autentique et est suffisant pour decider la difficulté. Nous sommes venus de Milan a Venise par Bergame, Verone, Vicence, Padoue, et il y a 2 jours que nous sommes icy. Nous en partirons après l'Ascension pour Ferrare, Bologne, Ravenne etc. J'enverrai au R. de Rome. Je suis avec respect aussi bien que D. Michel,

Mon R. Pere

Votre tres obeissant

Fr. Jean Mabillon M. B.

Le R. P. D. Ant. Durban
23 Mai 85

Au dos : Au reverend Pere
Dom Antoine Durban Visit[r] de la province de Bourgogne a Paris.

(*Bibl. de Reims*, autographe.)

9

D. Germain à D. Ruinart.

A Rome ce 25e juin 1685.

Vous m'avez fait une grâce singulière, mon Révérend Père, en me donnant de vos chères (nouvelles), et me donnant aussi des marques de votre amitié. Je tacheray par tous moyens de ne m'en rendre pas indigne, et de répondre par tous les services possibles à ce que vous pourrez désirer de moy. Rome voit D. J. Mabillon en bonne santé. Il y est encore plus honoré et plus applaudi qu'à Paris. Il déchireroit cette lettre si je mettois le détail des douceurs qu'on luy dit : *Saturatur elogiis.* Nous avons un grand champ à moissonner. Quatre gens qui ne sont pas nés paresseux avancent bien de la besoigne en un mois. Commandez, mon Révérend Père, si vous me jugez propre à vous rendre ici quelque service. Quand vous verrez M. Faure, faites moy la grace de l'assurer de mes véritables respects, et demandez luy son sentiment sur le mot que je luy ai suggéré du Ms. de Tertullien, qui est à la bibliothèque de S. A. R. de Savoye. Nous n'en trouvons pas ici. Bien entendu que nous n'avançons pas trop, ayant de quoy nous arrêter un peu souvent. Aidez moy à présenter mes respects à tous nos MM. les savans en général et en particulier à tous nos R. P., à qui je dois de la reconnoissance, et qui ont le cœur droit. Je ne les nomme pas. Vous les savez. Je songe particulièrement à ceux-la, et s'il m'est permis de parler ainsi, je favorise leurs études dans les rencontres à proportion de ce que je crois qu'ils méritent. C'est lorsque je lève le lièvre. Je prie N. S. qu'il conserve V. R. en parfaite santé, aussi bien que tous ceux qui vous sont chers. Puisque je ne puis rien apprendre de l'état de D. Edmond, quand vous écrirez, à quoi D. J. M. vous invite, et moy aussi de deux manières, l'une du secret de mon cœur pour D. J. M., l'autre pour luy et pour les autres, mettez un petit mot de ce St parfait Rx que j'embrasse de tout cœur. Souffrez toujours par charité vostre très humble et très obéissant serviteur,

Fr. Michel Germain M. B.

Adresse : Au R. P. D. Thierry Ruinart, religieux bénédictin de l'abbaye de St Germain des Prez, à Paris.

(*Bibl. de Reims*, copie.)

10

D. Mabillon à M. Baluze.

† à Rome ce 10e juillet 1685.

Monsieur,

Je m'estois reservé a cet ordinaire pour vous écrire, mais vous m'avez prevenu par votre lettre obligeante. Vous pouvez bien croire que je n'ai pas attendu jusqu'a present a parler de vous a Monseigneur le Cardinal Casanate. Je n'y ay pas manqué, et toutes les fois que nous avons eu l'avantage de les voir, on ne vous y a pas oublié. Je vous puis assurer qu'il a bien de la tendresse pour vous, et qu'il se sent tres obligé pour les bons offices que vous lui avez rendus pour l'achat des livres que vous luy avez envoyés pour sa bibliothèque qui est tres bien garnie. Pourriez vous bien deviner ou nous avons bû a votre santé ? C'est chez Monseigr Gabrielis, qui eut la bonté ces jours passez de nous donner a disner. Et ce fut en cette occasion ou il fut bien parlé de vous.

M. Laurenzo estoit de la partie, et il nous a dit qu'il avoit décrit pour vous le concile de Photius. Mais vous voulez bien que je vous dise, Monsieur, qu'il témoigne que vous l'avez oublié dans les éditions que vous avez faites de quelques piéces qu'il a copiées pour vous par ordre de Monseigr le Cardinal Casanate. Vous y ferez telle reflexion que vous jugerez a propos.

Je tacheray de m'acquitter le plus fidelement qu'il me sera possible des choses que vous avez eu la bonté de me recommander. Nous n'irons au Mont-Cassin qu'au mois d'octobre au plus tôt. Nous ferons notre possible pour vous y donner satisfaction.

J'ay bien de la joye que vous soyez résolu a donner au plus tot votre *Marca Hispanica*. J'espère bien en profiter a notre retour. J'ay fais part de cette nouvelle aux curieux de cette ville qui s'en sont bien rejouis. Je vous assure qu'il y a bien des honnêtes gens dans Rome. Ils nous font mille honnetetés. Ces jours passez dans une conférence publique de l'histoire ecclesiastique, on cita Mr de Marca avec grand eloge au sujet de la lettre que le Pape Vigile écrivit touchant les trois chapitres, que Mr de Marca, *numquam satis laudatus*, ce sont les termes de celuy qu parloit, a donné en Latin. Je scay que ce petit éloge donné a ce grand homme dans cette ville, ne vous sera pas désagréable.

Notre Père Procureur Général en cette cour vous remercie très affectueusement de l'honneur de votre souvenir. Dom Michel en dit autant, et je me joins a eux pour vous demander toujours la continuation de votre bienveillance et de votre amitié. Je suis avec respect

Monsieur,

Votre tres humble et tres obeissant serviteur,

FR. JEAN MABILLON.

M. Baluze.

(intercalé au bas.) Agréez, Monsieur, que je vous remercie de l'honneur que vous me faittes de vous souvenir de moy. J'ay bien de l'estime et du respect pour vous ; je vous prie d'en estre bien persuadé et que je suis dans les mesmes sentimens que nostre Cher Pere, votre très humble et ob. serv.

F. CLAUDE ESTIENNOT.

Fr. Michel Germain en dit encore plus.

En suscription : Monsieur, Monsieur Baluze bibliothecaire de Monseigr de Seignelay, a Paris.

(*Bibl. de Reims*, documents mss., pièce originale.)

10 bis

D. Germain à D. Ruinart.

Ce 10e juillet 1685.

Je ne laisseray pas passer cet ordinaire, mon R. P., sans me donner l'honneur de vous presenter mes respects, et vous dire que D. J. M. se ressent un peu du chaud de Rome, quoy qu'il ne soit pas excessif. Ce ne sera, Dieu aidant, qu'un feu volant, qu'un peu de rafraichissement fera évanouir. Vous m'obligerez de lire avec D. Placide et D. Emond aussi bien que le vénérable M. Bulteau la lettre et ce qui est ajoint à la lettre pour D. A. Antheaume, et ensuite lui envoyer le tout cacheté, soit qu'il demeure à St Denys, soit que ce soit ailleurs. Voyez aussi ce que je mande à D. Placide et priez le de n'en pas faire part à tout le monde ny en me citant. Je crois bien que si vous ou quelqu'un de ceux que vous considérez avoient besoin ici de mon petit service, vous ne feriez nulle difficulté de vous servir de l'offre que je vous fais de m'employer autant que je pourray pour vous. Quand vous irez à la Bibliothèque du Roy, il n'y auroit point de mal, après avoir salué Mr Thevenot et MM. Clément et....... de la part de D. J. M. et de la mienne, de demander si l'on a reçu quelques-uns des pacquets que nous avons envoyez pour la Bibliothèque, et si dans ces pacquets il n'y avoit point quelques petits livres pour nostre monastère. On nous en a donnez quelques uns et nous en avons achetez quelques autres qui sont fort au service du Roy, mais qu'avec l'agrément de Mgr de Reims nous serions bien aise qu'ils nous fussent rendus à St Germain. Si aussi M. Clément vouloit envoyer le reste qu'il peut avoir du catalogue qui n'étoit pas achevé à nostre départ, et marquer ses sentimens autorisez sur ce que je me suis donné l'honneur de luy ecrire de Venize, cela nous feroit aller plus vite en besoigne et plus surement pour l'achapt des livres. En tout cas ce nest là que la seconde fonction de nostre mission, que nous tacherons de soutenir par la recherche des mss.

qui tomberont entre nos mains. Je ne vous fais pas le détail des choses que nous transcrivons, vous en serez le premier informé, soit en les recevant, soit en en entendant parler. Quand vous verrez Mr Faure faites moy la grâce de luy témoigner exactement mes profonds respects. Dittes luy que de tous les mss. qui sont au Vatican de St Cyprien, pas un n'a *primatus Petro datur* ni le *cathedra* qui suit quatre mots après. Quand vous saurez que le retour de nostre R. P. Prieur sera proche, vous m'obligerez de m'en donner avis. Je vous prie de m'aider à présenter mes respects à tous nos confrères à qui j'ay obligation, tant à ceux qui étoient à St Germain à nostre départ, qu'à ceux des nouveaux venus qui seront de ce nombre, entre lesquels je vous recommande particulièrement Fr. René et Fr. Mathias. Je vous souhaite une très parfaite santé. Je demande le secours de vos s[tes] prières et part à vos sacrifices, et suis mon R. P., vostre très humble et très obéissant serviteur et confrère,

Fr. Michel Germain, M. B.

Adresse : Au R. P. D. Thierry Ruinart, Rel. ben. à l'abb. de St Germ. des Prez à Paris.

(*Bibliothèque de Reims*, copie.)

11

D. Germain à D. Ruinart.

Ce dernier juillet 1685.

Je croy, M. R. P., que le juste ressentiment que vous témoignez de ce que D. J. M. marque n'avoir pas encore receu de vos lettres, est à présent tout à fait effacé, et que celles qu'il vous a depuis adressées vous rendent un fidèle témoignage d'un véritable réciproque à vostre égard. Assurez-vous que rien n'est égal à la tendresse qu'il aura pour vous préférablement à tout autre, jusque à la fin de sa vie et au delà. Car j'espère bien que vostre amour mutuel ne se consommera parfaitement que dans le ciel. Je m'estimerois dans un souverain état de bonheur, si en cette vie, et surtout dans l'autre je pouvois être, comme je le désire, le parfait *unitertio* de ce nœud, de quoy je tacheray de me rendre moins indigne par ma fidelité et par la suite de mes services envers vous et envers luy. Je vous remercie du soin que vous avez eu de me faire tenir une lettre de ma sœur. Cet ordinaire ci ou le suivant je luy envoyeray l'autel privilégié et ce qu'elle demande. Cependant vous m'obligerez de faire tenir cette incluse à Chelle, et de mander à Mad^e^ Drouyn ainée qu'en reconnoissance de l'autel prévilégié que l'on envoie gratis à Chelles, elle nous enrichisse de chapelets, d'agnus, de jolites et autres manufactures de la façon de ces dames. Je vous prie de donner en main propre à D. Placide la lettre que luy ecris. Il nous dira les nouvelles que je luy mande, et tachez d'aller voir conjointement avec luy Mr Faure pour une de ces nouvelles. En donnant à fr. Gilles la lettre qui est à son adresse, dites luy de vous la lire ou lisez la avant que de la luy donner. Il y a une idée des quiétistes qui représente assez naturellement leur état. Je ne say plus de nouvelles après ce que D. Durand a écrit au vénér. M. Bulteau et ce que j'ay marqué dans la lettre à D. Placide, que j'écris, en confiance dans l'assurance qu'après l'avoir lue en son particulier il ne la communiquera qu'à vous et à ceux que vous luy conseillerez de le faire. Ne vous mettez pas en peine de prières, d'indulgences, de reliques et de médailles. Nous vous sommes fidèles pour les prières, et à nostre retour vous serez satisfait du reste ; M. Bulteau mérite un châtiment domestique, pour avoir osé écrire ici qu'on n'attend et n'espère pas du succez de nostre voyage de quoy faire un Analecte ou un *Iter italicum*. Il se trompe : nous ne manquons point de besoigne, et nous n'avons point coutume de copier de pures bagatelles. Ce n'est pas aussi pour voir des gondoles, ny les barettes des nobles Venitiens que nous retournerons à Venise. Nous gardons le secret, tout en va mieux, et les gens sages en doivent bien conclure. Correction donc à M. Bulteau. D. Jean se porte bien. Il vous marque assez ses dispositions sans que je les répète pour une troisième fois. Aidez moy à saluer tous nos RR. PP. et très chers confrères, et si vos affaires vous permettent de voir le R. P. Ass. Martin, je vous prie de luy temoigner que je n'ose luy marquer le détail de nos copies, tant par ce qu'on souhaite en France qu'elles soient secrètes, que parce qu'on témoigne à Farnèse de l'avidité pour en entendre parler : à quoy nous ne pouvons trouver de meilleur expédient, que de ne rien dire à personne. Cependant je prendray mon tems, et ce tems arrivera bientost, pour faire au R. P. une descharge pareille à celle que je prévois que Mgr de Reims ou M. Faure exigeront. Temoignez, je vous prie, à D. Emond que je l'honore tout à l'ordinaire, aussi bien que tous ceux que j'ay marquez en général ou notez en particulier dans mes précédentes. Croyez pour la dernière fois que je vous offriray tout pour vostre service et celui des vostres, car il me semble que vous devez être persuadé qu'on ne sauroit être à vous de meilleur cœur que le sera toujours, mon R. P., vostre très humble et très obéissant serviteur et confrère, Fr. M. Germain, qui espère que si nostre R. P. Prieur arrive avant que je le sache, vous aurez la bonté de luy présenter mes respects proportionnez à ce qu'il sait que je luy dois.

Adresse : Le R. P. D. Th. Ruinart rel. bén. de l'abb. de St Germ. des Prez, à Paris.

(*Bibliothèque de Reims,* copie.)

12

Magliabechi à D. Mabillon.

Rev^{mo} e dottis^{mo} Padre sig^{re} mio sig^{ro} é Padrone col^{mo}.

Tré giorni sono scrissi a V. P. Rev^{ma} per risposta della sua cortesissima Lettera del 21 del présénte. Perche bene spesso le Lettere (mie particolarmente) vanno male, brevemente le replicherò, che quei due manoscritti, sono tutti a due stampati. Delle annotazzioni sopra il nono Libro di Plinio, il seguente é il titolo del Libro in compendio.

Francisci Massarii Veneti in nonum Plinii de naturali historia Librum Castigationes et Annotationes et cœt. Basileæ apud Frobenium et Episcopium, 1537, in-4.

Le Mitologie di Fabio Plauciadé Fulgenzio, sono stampaté e ristampate, molte, é molte volte. Nella mia piccola Libreria ne ho diversi edizzioni, e si trovano anche ristampate ne' Mitologici Latini, dell' edizzione del Commelino, ei.

Nell' altra mia Lettera che scrissi a V. P. Rev^{ma}, li 28 Luglio, le' accennai varie cose intorno a detti due Libri. Il Libro del Sig^{re} Cardinal Degl' Albizzi del quale V. P. Rev^{ma} mi domanda, non è stato ristampato in Olanda, mà in Italia.

Circa al suo Itinerario della Germania, V. P. Rev^{ma} puo esser certa, che bramo ardentissimamente di leggerlo, e se quà fosse capitato, l'avrei subito comprato.

Volevo scrivere al Sig^{re} Anisson, che se si fosse trovato a' codesti Librai, me lo comprasse, ma le giuro santamente che non mi sono ardito a scrivergli tal cosa, per timore che egli non mostrasse la mia Lettera a V. P. Rev^{ma} ed ella mi mandasse il Libro in dono. Mio riveritissimo Sig^{re} e Padrone, e che merito ho io con V. P. Rev^{ma} che ella si abbia a degnare di mandarmi i suoi dottissimi, e per ogni capo prezziosi Libri? Di nuovo con questa occasioné riconfermo a V. P. Rev^{ma}, che se ella l'avesse mandato per me a Lione, o in altro luogo, che assolutamente non mi è stato trasmesso; e pero in tal caso supplico V. P. Rev^{ma} a degnarsi di farne scrivere un verso, a chí fù consegnato, perche non vada male.

Io non mi abbatto quà mai in Padri Benedettini, che non mi venga da essi domandato quando V. P. Rev^{ma} con la sua presenza onorera la nostra Città.

Riverisco gl' ottimi e dottissimi Padri, Padre Stefanozzio e Padre Germain, miei Sig^{ri} e Padroni.

Con che supplicando V. P. Rev^{ma} dell' onore de' suoi da me bramatissimi comandamenti, la riverisco e mi riconfermo,

Di V. P. Rev^{ma}

Dev^{mo} ed obb^{mo} ser vero

ANTONIO MAGLIABECHI.

L'ultimo Luglio 1685.

Non le scrivo novità Letterarie di Paesi Oltramontani, perche so che le saranno notissime. Di Bologna mi è stato mandato dal Padre Ferroni, al quale è dedicato, il seguente Opuscolo, che sono due soli fogli.

De specierum erectione in camera optica Dissertatio Epistolica Ludovici Laurentii Philosophi et Medici Bononiensis. Cui nonnulla obiter de Visione annectuntur. Bononiæ 1685 in-12, typis H. H. Dominici Barberii. Perche l'ho ricevuto appunto adesso, non ho avuto tempo di leggerlo.

Il Padre Ferroni nella sua Lettera, con la quale mi manda il detto Opuscolo, mi scrive frà l'altre, le seguenti parole.

« Le mando questa nuova, e bella Invenzione, trovata a caso, dà due Amici miei, e data in luce dà un mio Amico, di raddrizzare col vetro triangolare, la spezie degl' Oggetti esterni, che si ricevono dentro la camera oscura, ei. »

Il Sig^{re} Cardinal Barbarigo, con una sua benignissima, di Padova, li 20 del presente, frà l'altre, mi scrive le seguenti parole.

E escito quí un Libro in foglio intitolato : Imprese Pastorali di Monsig. Labia nostro Vescovo di Rovigo.

En marge on lit :

Le mando due Lettere per due Amici miei, che sono de' più eruditi che sieno in Napoli. Se V. P. Rev^{ma} ne vorrà anché per il sig. Lionardo di Capoa, pel Sig. Monforte, ed altri, le le mandéro ad ogni suo cenno.

Al Sig. Anisson che riverisco, scrivo questa istessa sera,

e gli mando la Lettéra a dirittura, nella maniera che mi hà accennato.

Adresse : Al Rev^{mo} Padre Sig^{re} mio Sig^{re} e Padrone Col^{mo} Il Padre Don Gio. Mabillon Bened^{no} della Congregaz^{ne} di S. Mauro. Strada Gregoriana in Roma.

(*Bibliothèque de Reims*, pièce originale portant le cachet aux armes avec signature.)

13

D. Germain à D. Ruinart.

A Rome ce VII aoust 1685.

Je ne meritois pas, mon R. P., que vous vous donnassiez la peine de m'écrire une aussi belle lettre que celle que j'ay receu de vostre bonté ce dernier ordinaire. Je vous en suis d'autant plus obligé. Grâces à Dieu, tout soubçon de lettres perdues ou égarées doit être à present exclus de vostre esprit et de celuy de D. J. M. Il ne se peut guères ajouter aux honneurs dont on respecte ici sa vertu et son mérite. Cela ne fait qu'augmenter son humilité. Il se porte bien, Dieu merci. Les devoirs qu'il reçoit et ceux qu'il est obligé de rendre font qu'il n'a pas le tems ny la pensée de s'ennuyer. La récolte que nous faisons en valoit bien la peine : ainsi consolez-vous, mon R. P., tout ira bien. Vivez en repos sur les reliques, médailles, etc. que vous pourrez souhaiter pour vous et pour M^{rs} et Mesd^{elles} vos proches, ne disons mot de crainte qu'on nous accable. J'y songe et c'est assez, encore une fois tout ira bien. J'écris assez exactement à M. Faure. Peut être que je vous envoyeray cette lettre décachetée, afin que vous le voiyez, cela dépendra de la disposition du pacquet. En tout cas il vous la montrera quand vous le verrez. Voyez avec D. Placide la lettre au très R. P. et à D. Pl. même. Tout ce que je say de nouvelles y est compris. Je vous les répéterois bien, mais peut être trouveriez vous mauvais que je perdisse un tems qui m'est si prétieux à doubler des choses longues et fatigantes sans nécessité : et vous avez l'esprit trop bien tourné pour n'être pas satisfait que des nouvelles ne s'adressent pas à vous en droiture. Si D. Ant. d'Holandes est encore à St Germain, obligez moy de lui temoigner que personne ne regrete sa sortie plus que moy. Si D. Ant. Anth. est encore à Paris, rendez luy s'il vous plait l'incluse qui est à son adresse : s'il est ailleurs, prenez la peine de la luy envoyer. Quand vous irez chez M. Faure demandez luy un peu ce qu'il pense de Fabius Planciades Fulgentius et de ses ouvrages? et dites luy que nous avons un Ms. ancien de plus de 800 ans dans la Bibliothèque de la Reine de Suède qui porte dans le traité de St Cyprien de Unitate *primatus Petro datur*, et le mot de *cathedra* un peu après. Demandez luy aussi ce qu'il pense de la collation du Ms. de Tertullien qui est à Thurin, dont je luy ai demandé son sentiment sans l'avoir pû apprendre. Je ne vous fatigueray point davantage, que pour vous prier à la rencontre de nos M[rs], particulièrement de M. Du Cange, de les assurer de mes profonds respects. Je ne vous répeteray pas non plus la grâce que je vous ay demandée une fois pour toutes, qui est qu'à chaque ordinaire nos confrères sachent que je les salue de nouveau en général et en particulier. Conservez vous, mon R. P., ne vous accablez point de trop de travail, et conservez toujours l'honneur de vos bonnes grâces à celuy qui sera toujours fort respectueusement, mon R. P., vostre très humble et très obéissant serviteur et confrère,

FR. MICHEL GERMAIN, M. B.

Adresse : Au R. P. D. Th. Ruynard, rel. ben. de l'abb. de St Germain des Prez à Paris.

(*Bibliothèque de Reims*, copie.)

14

D. Germain à D. Ruinart.

A Rome ce 18e aout 1685.

Comment se pourroit il faire, mon R. P., que je vous oubliasse dans mes prières ou dans nos études, vous sur qui je fais un fond très considérable, et avec qui je suis autant muni que le détachement, que la profession monastique me nécessite d'avoir de ce qui n'est pas Dieu, me le permet. Comme j'ay lieu de croire ces mesmes dispositions à vostre égard, je prens sans scrupule la liberté de vous témoigner que je vous aime de très bon cœur, et que je vous souhaite une aussi parfaite santé que celle dont D. J. M. et moy jouissons. Nos occupations sont à l'ordinaire. Nous n'avons pu voir encore nostre St P. le Pape. Ce sera le plutost que nous pourrons. Le chaud, à ce que disent les habituez de longtems à Rome, n'a jamais été si modéré que cette année. Il ne laisse pas de se faire sentir ; mais avec les précautions romaines, il n'est pas intolérable. Je mande à D. Placide, c'est à dire à un autre vous même ce que je say et ce que je sens. Joignez vous s il vous plait à luy, à l'exclusion de tout autre, pour aller voir M. Faure, si vous jugez à propos de lui faire connoitre ce que je pense de l'endroit des Thèses de Reims où l'on accuse M. Schelstrat *inscitiæ et temeritatis*. Cela est plus aisé à dire qu'à prouver... En tout cas, on outre sans nécessité un homme qui est en passe de se venger d'une manière ou d'autre. Nous sommes toujours François, et les Italiens qui profitent à merveille de nos entreprises, auront toujours cela à nous reprocher. Les questions qu'on a agitez en France les réveillent, et il est à craindre que nous fiant trop sur la bonté de nostre cause ou sur nostre suffisance, nous nous engourdissions à nostre préjudice. Cela me passe. Je n'ay rien de plus précieux qu'à me dire vostre. Je le suis veritablement, mon R. P., vostre très humble et très obeissant serviteur et confrère,

FR. M. GERMAIN.

Adresse: Au R. P. D. Th. Ruynard, rel. Ben. de l'abb. de St Germ. des Prez, à Paris.

(*Bibliothèque de Reims*, copie.)

15

D. Germain à D. Ruinart.

De Rome ce 21 aoust 1685.

Je vous remercie, Mon Révérend Père, de la dernière que vous m'avez fait l'honneur de m'écrire. Il faut faire tout ce qu'il plaira à Mgr de Reims touchant les livres que nous destinions pour notre Bibliothèque. Nous en envoyerons d'ici de fort rares sous le bon plaisir du R. P. prieur, et nous prendrons garde qu'on ne nous les envie pas. L'endroit où M. Faure remarque qu'il y a *primatus Petro datur* est si misérable et si manifestement corrompu, que nous n'avons pas jugé à propos de le lui marquer. Nous sommes pourtant bien aises d'apprendre que les différentes leçons que nous avons vües sur ce père au Vatican, soient connües, car cela nous exemtera de la peine de les extraire. Mr Faure sait à présent qu'un ms. ancien de plus de 800 de la Bibliothèque de la Reine a *prim. p. dat.* et l'autre bon mot qui suit peu après. Il ne fait pas une chaleur insuportable. D. J. M. se porte mieux qu'il ne faisoit à Paris. Nous continuons à voir les Bibliothèques que j'espère nous devoir être toutes ouvertes. Comme nous avons l'avantage d'apporter chez nous les mss. de la Reine, nous expédions celle là de crainte que cet ordre ne change, ou qu'il n'y arrive du changement par la mort du Bibliotécaire qui est fort âgé. On n'a pas le même privilège à la Chieza nova, c'est à dire aux Pères de l'oratoire romain, mais ces pères qui sont d'excellens hommes, nous laissent faire dans la Bibliothèque tout ce que nous voulons, et même, le père Coloredo très saint homme et très considéré du pape, nous fait apporter de quoy boire un coup, dans la crainte que 5 ou 6 heures d'application à jeun le matin ne nous fasse mal. Je ne say si ces gausseurs du petit dortoir qui nous tournent en proverbe et en raillerie, comme D. J. Prou l'a mandé ce dernier ordinaire, pour avoir parlé des honneurs qu'on rend à notre père à ce qu'ils disent, et ce que je ne crois pas avoir écrit, *ad saturitatem,* je ne say pas dis je s'ils viennent à savoir qu'on nous offre un coup à boir le matin en travaillant, ils ne feront pas courir le bruit que nous allons à cette bibliotheque pour y faire ripaille. Je vous prie que les supérieurs sachent que cest pour leur rendre un compte exact de ce qui nous arrive, qu'on écrit le détail des choses, qui doit consoler et ne donner pas lieu à des boufoneries, que sans doute ces gens la font contre l'intention des supérieurs, sur des gens qui ne le méritent pas. Il est fort facile de se taire. Avertissez D. Placide et nos autres amis de la même chose. On nous offre des endroits à voir à quoy nous ne songions pas. Nous réservons la bibliothèque Vaticane pour la fin, afin que le froid que nous faisons paroitre, oste toute la pensée que l'éclat de nostre mission auroit pu inspirer. Je réponds à D. J. Barré et j'écris à Mr Guenyot. Dittes, s'il vous plait, à D. J. Barré que j'ay fait la lettre que notre Mr Guenyot écrit à son père, et que ce bon enfant n'a fait que la copier. Il est bon que D. J. la lise. Faites moy la charité de continuer à m'aider à rendre mes devoirs à nos RR. PP. et aux autres d'entre nous à l'ordinaire. Je seray toujours avec une pleine union et tout le respect possible, mon Révérend père, vostre très humble et très obeissant serviteur et confrère,

FR. MICHEL GERMAIN.

La suscription porte : Au Révérend père Dom Thierry Ruynard religieux bénédictin à St Germain des prez.

(*Bibliothèque de Reims*, pièce originale.)

8

16

D. Germain à D. Ruinart.

A Rome, ce 28e aoust 1685.

Je voudrois, mon Révérend père, estre cent fois meilleur que je ne suis pour répondre aux manières obligeantes dont vous continuez à me faire du bien. Je vous en remercie, et il ne tiendra pas à moy que vous ne soyez content du réciproque que je désire vous rendre. Vous verrez dans la lettre à D. Placide ce que je say. Quand vous irez aux Blansmanteaux, ou que vous verrez D. A. d'Holandes, je vous prie de luy dire que je l'honore autant là que je le pouvois faire à St Germain. Pour mieux exécuter ce que désire Mr Faure, je réserve au prochain ordinaire à luy envoyer le mémoire touchant les deux endroits de Bellarmin. Cependant vous pouvez l'assurer que j'ay trouvé deux éditions anciennes différentes de celles que vous me marquez, ou ces deux endroits sont entièrement. Elles ajoutent même au milieu du second passage *virtute clavium*, ce qui peut être vous a échappé : et une de ces deux editions apres vostre dernier mot *declaratum est* à une queüe de 5 à six lignes qui regarde principallement l'absolution ou la force de l'absolution, dont Bellarmin promet de parler dans la suite. Je vous prie encore dans les occasions de vouloir bien témoigner à Mr Du Cange, à Mr d'Hérouval, à Mr Baluze, à Mr Cotelier, à Mrs de la Bibliothèque du Roy, à Mr Sanson, à Mr Le Blanc, à M. Baudrand, à Mr de Gaignières, à Mr L'abbé Galoys, à Mr l'abbé Renaudot, à Mr de la Croix, à Mr d'Herbelot, à Mr Le Grand, à Mr l'abbé Chastellain, à Mr le curé de St Laurent, à Mr de Launoy, et à tous les autres que j'ay pour eux beaucoup de respect. Depuis 4 jours il fait grand chaud : D. J. ne laisse pas de se bien porter; quoy qu'il travaille beaucoup à la Chieza nova et ailleurs. Nos exercices sont à peu près toujours les mêmes, nos copies se soutiennent également. Nous ne pouvons encore vous marquer quand nous sortirons de Rome pour aller à Sublac et au Mont Casin. Je vous prie de dire en particulier à D. J. Barré que la manière dont Mr Guenyot écrit à son fils rebute extrêmement D. J. M. et luy fait une peine extrême : et moy même qui n'étois pas fâché qu'on fit sentir à ces jeunes gens la nécessité qu'ils ont de ménager, je suis contraint de consoler le jeune Guenyot qui assurément ne mérite pas d'être traité en chien par son père, de peur que l'excès de la douleur ou il est ne le rende grièvement malade, ou ne lui fasse tourner la teste, ou faire des actions de rebut. Je mets ce mot, parce que celuy de désespoir si ordinaire dans le monde, va trop loin pour être écrit. Si ces lettres tomboient en d'autres mains, en vérité, connoissant ce jeune homme, on prendroit le père pour un homme qui n'est pas sage ; ou ne connoissant pas le jeune homme, on le prendroit pour le plus grand vautrien qui soit en France. Tout cela est faux, et ne sauroit produire aucun bon effet. Priez donc D. J. Barré de faire écrire par Mr Guenyot à son fils d'une manière plus humaine et plus modérée. Tenez aussi la main que D. J. Barré envoye incessamment la lettre de créance, pour que D. J. M. reçoive ce qu'il marque avoir avancé et devoir avancer pour eux. On ne leur donnera rien à contre-tems, et s'il reste quelque chose, on le mettra entre les mains de M. Patin de Padoue, où ils vont. Les chaleurs ne permettent pas qu'ils se mettent en chemin. Je les ay exhortez à se retrancher de tout ce qui n'est pas absolument nécessaire. Ils est difficile qu'ils le fassent si bien qu'on voudroit dans l'incertitude du nombre des jours qu'ils ont à rester ici, et pour ne paroître pas à leurs compagnons ce qu'ils sont en effet. En voilà assez sur cet ennuyeux article que le mérite et la considération seule de D. J. Barré fait trouver moins désagréable. Je me recommande a vos stes prières, et je suis de tout mon cœur, mon R. P. vostre très humble et très obeissant serviteur et confrère,

Fr. Michel Germain, M. B.

Adresse : Pour le Révérend Père Dom Thierry Ruynart, Religieux Bénédictin de l'abbaye de St Germain des Prez, à Paris.

(*Bibliothèque de Reims,* pièce originale.)

17

D. Germain à D. Ruinart.

A Rome ce 4e 7bre 1685.

J'avois fait le double de ce que j'envoye à M. Faure pour vous le donner, mon R. P. Vous voyez bien que c'est touchant les deux endroits de Bellarmin sur l'attrition, mais on me vient de prendre ce double et on veut que, puisque je n'ay plus assez de tems pour vous en faire une seconde copie, vous preniez la peine de demander à Mr Faure ce que je luy envoye, et il ne vous le refusera pas. Je suis fâché de n'avoir pu faire ce que vous me marquiez en cet endroit souhaiter de moy. Est-il possible que vous croyiez que je vous oublie devant St Pierre et St Paul, etc. ? Non mon R. P. j'espère trop que vous vous souviendrez de moy dans les lieux saints ou vous irez, et je suis né avec trop de pente à la reconnoissance pour en user de la sorte à vostre égard : mais c'est qu'on vit autrement avec ceux de sa société qu'avec les autres à qui on marque plus ouvertement ses désirs. Je ne vous répète pas les nouvelles que vous apprendrez du très R. P. Gral, du R. P. Prieur, de D. Pl. et de M. Bulteau. Tout cela vous est commun avec eux. Je vous prie seulement quand vous serez sur le point de conclure vostre travail dans la Bibliothèque du Roy de tâcher de retenir ce que nous avons fait. La dernière main n'y est pas, et je serois fort fâché que des endroits demeurassent comme je les ay laissé. Je n'ay confié à Mr Thevenot ce que nous avons fait qu'à cette condition qu'il a bien voulu accepter. Ce n'est pas seulement de mon chef, mais c'est aussi de la part de D. J. M. que je vous prie de cela. D. J. M. se porte bien et moy trop bien. Nous avons tout vu à la Chieza nova et nous en rapporterons des endroits de conséquence, Il les faut tenir d'autant plus secrets que la courtoisie de ces bons pères ne se bornant pas à nous, d'autres chercheurs pourroient bien profiter de nos découvertes et ainsi nous priver des plus nobles endroits de nostre collection. Ce n'est pas pour vous, mon

R. P., que je fais cette note. Vous n'en avez pas besoin, mais c'est afin que vous vous en serviez pour justifier nostre réserve au dedans et au dehors. Je croy que nous pourrons aller au M. Casin avant que d'entamer le Vatican. J'en marque la raison au très R. P. G^{ral} ; mais outre que je n'en say rien, quand même cela seroit, ne manquez pas et D. Placide aussi d'écrire à l'ordinaire parce que nous reviendrons à Rome, et que de Rome même on peut aisément nous faire tenir nos lettres au royaume de Naples. Continuez, s'il vous plait, à présenter mes très humbles respects aux RR. PP. assistans au P. Sup^{r}, à tous nos pères que je dois considérer, à D. Emond, à M. Bulteau, à Fr. Gilles etc. Je seray toujours avec les meilleurs sentimens du cœur, mon R. P., vostre très humble et très obéissant serviteur et confrère.

Fr. Michel Germain M. B.

Adresse : Pour le R. P. D. Th. Ruynard rel. Ben. de l'abb. de St Germain des Prez à Paris

(*Bibliothèque de Reims*, copie.)

18

D. Germain à D. Ruinart.

A Rome ce 15e Sept. 1685.

Je continue, mon R. P., à vous être extrémement obligé des amitiez que vous me marquez dans la vostre du 10e 7bre. Un courrier extraordinaire nous la apportée un peu devant le tems ordinaire. Lorsque je vous ay mandé qu'on ne trouvoit point de plaisir à être gaussé dans le petit dortoir, et tourné en proverbe sur ce qu'on écrivoit, n'est pas qu'on en ait été si fort chagrin ; mais pour empécher que ceux là n'en aillent faire le rapport en ville, où les choses qui sont bonnes au dedans ne vailent plus rien quand le goust du siècle les a tournées à sa mode. Nous fréquentons le Vatican, où je transcris un Ms. entier, qui est à ce qu'on dit l'unique latin, qui tout entier ne soit pas imprimé. Si tout ce qu'il contient étoit inconnu, il feroit un bel effet, mais il a la disgrace de rapporter des faits qu'on sait d'ailleurs. J'espère que quand je seray venu à son tems, il nous apprendra tout l'état du IXe siècle en Italie, bien autrement que nos auteurs ne le racontent. Je ne say si je vous ay écrit de la commission que M. le Cardinal Casanate a procurée à D. J. M. d'examiner le livre de Vossius sur la version des 70, pour en faire ensuite le rapport à la Congrégation de l'indice ou du S^{t} office, où ce livre a été déféré. Ce rapport est fort honorable, et luy attirera séance auprès des Cardinaux qui y assistent, et on lui donnera comme je croy la qualité de consulteur et de qualificateur du St office. Je vous envoyerois volontiers le double que je garde de sa résolution, à laquelle la Congrégation se tiendra à ce qu'on m'a dit. Il la donnée au Cardinal Casanate, de qui il n'a pas encore receu de nouvelles, parce que depuis ce tems la ce cardinal est un peu incommodé. Si ce rapport se fait à la Congrégation je vous en donneray avis. Cependant ne communiquez celui-ci qu'a D. Placide, et tout au plus à ceux que vous trouverez capables du secret. Je vous prie encore une fois de dire ou d'écrire à D. J. Barré que M^{rs} ses Neveux sont de retour de Naples en parfaite santé, et qu'ils se disposent à partir demain au plus tard pour Padoue. On leur donnera tantost les 200 l. pour le voyage, après quoy on n'entendra plus parler d'eux. Outre que leur chemin est de passer par Florence, ils ne nous obéiroient plus quand nous voudrions les empescher de passer par cette belle ville. Ils sont si aises d'avoir vu Naples, et si charmés de l'insigne beauté de cette ville, que je suis assuré qu'ils vendroient plutost leurs habits, que de ne voir pas aussi Sienne, Livourne et les autres raretez de la Toscane. Ainsi ils auront tout vu, et à la bourse près on doit être content de leur couduite. Si après cela Guenyot n'étudie pas à merveille à Padoue, ce sera bien sa faute. Pour Patin je ne croy pas qu'il nous y attende, si ce n'est que le carnaval de Venise ne gagne cela sur eux. Mais comme il y a encore environ trois mois et demi jusqu'à ce carnaval, je doute fort qu'il patiente jusque là, du moins n'a-t-il guères envie de se rompre la teste à force d'étudier, aussi n'en a-t-il pas le génie, et je ne say si Guenyot en a plus, quoyqu'il soit plus posé. Me voila épuisé sur leur chapitre. Aidez moy, je vous prie, à saluer D. A. Ant. et tous nos amis, entre lesquels je ne nommeray que mon oublieux M. Bulteau, et nos bons frères René et Mathias, de qui je demande les prières aussi bien que les vostres. Je seray toujours avec bien de la reconnoissance et de l'estime, mon R. P., vostre très humble et très obéissant serviteur et confrère,

Fr. Michel Germain M. B.

Je prétendois bien me faire l'honneur d'écrire au R. P. Prieur ; mais la stérilité de cette semaine m'ostant la connoissance de tout, je ne puis gagner sur moy de luy faire un pur compliment mal bâti. Obligez moy de suppléer à mon défaut, et de luy présenter mes très humbles respects.

Adresse: Au R. P. D. Th. Ruynard rel. bén. de l'abb. de St G. des Prez à Paris.

(*Bibliothèque de Reims*, copie.)

19

D. Germain à D. Ruinart.

A Rome ce 18 sept. 1685.

Comme j'ay coutume de me partager en écrivant à chacun ce que je croy de luy convenir, je ne vous mande pas, mon R. P., bien des nouvelles que j'écris chez nous parce qu'outre que vous les voyiez, je me doute bien qu'elles ne vous seroient pas du 1er agrément. Je continueray donc à l'ordinaire. Je ne serois pas trop faché que vous vissiez ce que j'écris à M. Faure cet ordinaire touchant nos applications, elles ne font pas que D. Jean soit incommodé, au contraire, il se porte un peu et moy beaucoup mieux qu'à Paris. L'air grossier de Rome, excité par les mouvemens que nous sommes obligés de faire, nous convient assez à l'un et à l'autre. Je ne croy pas que nous différions plus de 15 jours à aller à Naples après avoir vu Sublac et Casin, M. Anisson commançant à se mieux porter et les pluyes fréquentes rendant à l'air la modération nécessaire à la santé. On appelle ici ce tems le *rinfrescati*. Dans la crainte ou si vous aimez mieux la prévoyance que D. J. Barré ne soit en vendange, je vous écris ici de ce qui le regarde, ou plutost MM. ses neveux, afin que vous teniez efficacement la main que tout aille bien, et que D. J. M. n'ait plus de chagrin de ce qui les regarde. M^r^ le médecin Guenyot n'étoit pas connu de nous, si nous l'eussions connu son fils seroit encore en France, et Mr Patin aussi. Je vous ay mandé comme il n'a pas été en nostre pouvoir de gouverner à nostre mode la dépense de ces deux jeunes gentils hommes italiens, nous avons demandé aux parens l'explication de leur volonté, et moyen particulier, qui prévoyois assez la suite de tout ceci, j'ay si bien décrit à D. J. Barré ce qui s'estoit passé jusques à Rome, pendant les 12 premiers jours de la demeure de Rome, et ce qui restoit à faire, qu'on devoit prendre une résolution fixe de ce qu'ils auroient à faire. Cependant un peu après Mr Guenyot a écrit de furieuses lettres à son fils. D. J. Barré nous mande par deux fois qu'ils doivent aller à Naples, si l'occasion s'en présente et qu'aussitost après leur retour, il faut les renvoyer à Padoue, et ne leur donner que ce qui leur est précisement nécessaire. Ils partent donc pour Naples, après avoir vécu à Rome toujours de même, encore que pendant plus de six semaines je les ay très souvent exhorté à retrancher de leurs superfluitez Ils n'en ont rien fait. Quand je les pressois, ils cajoloient D. J. M. et luy représentoient si bien la nécessité de leur dépense, que nos trois pères se mettoient contre moy pour les justifier. Mais c'est venu pour payer, il s'est trouvé qu'ils avoient tort, et que si l'on m'avoit cru, ils auroient pu dépenser près de la moitié moins de ce qu'ils dépensoient chaque jour. Il est vray qu'ils n'auroient pas été si magnifiques en toutes choses : mais qui sont-ils pour tenir tout ce train ; n'aller presque qu'en carosse, avoir un vallet pour les suivre, être dans une grosse hostellerie à 40 l. pour la seule bouche, avoir maitres de guitare et de langue italienne, voir les vignes, être du train de l'ambassadeur, prendre de l'orzata et d'autres rafraichissemens délicieux, être blanchis comme le Roy, etc. Il a fallu donc payer tout cela et avouer pour lors que j'avois raison de les presser et qu'on avoit tort de me contredire. Il a donc fallu tirer 600 l. de Mr de Lyburn (?) consacré depuis peu évesque, qui va en Angleterre. Je vous conjure autant qu'il est en moy que quand cest homme viendra chez nous, soit que D. J. Barré y soit, soit qu'il n'y soit pas, il trouve ses 600 l. prets, et qu'on luy fasse tous les honneurs et le bon accueil possibles. De tout cet argent il ne reste plus à D. J. M. que 26 l. aux neveux de D. J. Barré. Malgré qu'on en ait il faudra les laisser reposer quelques jours avant qu'ils partent pour Padoue. Ainsi ils n'auront pas trop de ces 26 l. pour leur dépense à Rome, elle ne suffira pas même. Il leur faut encore chacun 100 l. pour la dépense du voyage de Padoue, que je vous prie de tenir la main que D. J. Barré paye. Voici comment cela se peut faire, D. J. Barré avoit mandé par deux fois qu'il envoyoit une lettre de change de 800 l. ou 1000 l. Si elle est en chemin, on n'en tirera que 200 l. ou bien si l'on en tire la somme entière, nostre P. procureur général luy tiendra compte de ce qu'il aura receu après que D. J. M. aura été payé, et on luy portera à St-Germain les 600 l. qu'il aura données à Mr de Lyburn. S'il n'a pas envoyé de lettre de change, qu'il n'en envoye pas, à moins qu'on ne le prie du contraire, parce qu'on trouvera moyen de recevoir les 200 l. qu'on donnera à ses neveux, et il n'aura qu'à donner ces mêmes 200 l. à la personne qu'on luy indiquera. Inculquez lui bien tout cela s'il vous plait. Je vous marque tout en détail, afin qu'on en entende plus parler. D. J. M. est si rebuté de la conduite de Mr Guenyot le médecin, qu'il ne veut seulement pas entendre les lettres qu'on écrit sur cet article. Si l'on avoit été à moy d'abord, j'aurois bien rangé ces jeunes gens, mais n'ayant ny bourse ny autorité, ils ne se sont guères mis en peine de moy etc. Ils seront ici dans 3 jours, si j'avois receu les dernières lettres de D. J. Barré et de Mr Guenyot 4 jours plutost, ils seroient à présent à Padoue, mais j'ay cru les devoir envoyer à Naples, tant pour les contenter que parce qu'à la voiture près ils dépenseroient autant et plus dans Rome, qu'ils ne seront obligés de faire en chemin s'ils veulent être ménagers. De crainte aussi qu'ils ne tombassent malades à Naples ou sur le chemin, il a fallu leur donner une pistole ou deux plus que le nécessaire. S'ils la prodiguent, que faire à cela ? S'ils sont frappez à ce coin, ils trouveront assez dans Rome de quoy emprunter. Vous pouvez avertir D. J. Barré de dire à M. Guenyot qu'il ne se mette pas en peine. Il y aura assez de tems pour que son fils passe docteur avant que nous sortions d'Italie, et je croy qu'il acceptera volontier le parti de rester à Padoue autant de tems que M[r] son père le luy voudra permettre ; Que ce soit, je prie ceux à qui il appartient, aujourd'huy la dernière fois que j'exerce mon stile sur cette matière. J'aime bien mieux parler de nos études et me dire d'un cœur sincère et tel que vous pouvez le souhaiter, mon R. P. V. T. O. S. et C.

Fr. Michel Germain, M. B.

Adresse : Au R. P. D. Th. Ruynard, rel. bén. de l'abb. de St-G. des Prez, à Paris.

(*Bibliothèque de Reims*, copie),

20

D. Germain à D. Ruinart.

A Rome ce 2 oct. 1685.

Cet ordinaire ne me fournit rien de particulier à vous dire, mon R. P., que vous ne trouviez dans les lettres que j'écris à nostre très R. P. G[ral], au R. P. Prieur et à D. Placide. D. Placide vous lira ce que je lui écris (1). Lisez les

(1) Il s'agit de D. Placide Porcheron, savant antiquaire, qui fit profession à Reims le 27 juillet 1671.

lettres au très R. P. G^ral et au R. P. Prieur, et achevez de les cacheter avant que de les leur porter. D. J. M. se porte bien, Dieu merci. Nous ne saurions vous dire au vray le jour que nous partirons pour Naples. Si nous avons pouvoir de tout prendre ce qui nous accommodera dans la Biblioth. Chigi, nous en avons pour plus de 15 jours. Quand ce bien que nous espérons nous arriveroit, il ne seroit pas nécessaire que nous prissions tout. Le P. proc. et son compagnon sont d'habiles levriers, qui ne manquent ny d'appétit ny d'adresse pour continuer ces prises. Il y a une pièce ou deux des anciens conciles qui ne se trouvent pas dans ceux de Binius et du Louvre. Si le P. Labbe et M. Baluze ne les ont pas eues, ce sera un endroit qui ne saura déplaire. Dans peu nous envoyerons à Mgr de Reims ou à vous le catalogue de ce que nous avons copié ou fait copier. Ainsi je n'en diray pas aujourd'huy d'avantage. Priez N. S. pour moy, c'est à dire pour celuy qui est sans réserve de tout son cœur, mon R. P., vostre très humble et très obéissant serviteur et confrère.

Fr. Michel Germain, M. B.

Adresse : Pour le R. P. D. Th. Ruynard rel. bén. de l'abb. de St Germ. des Prez à Paris.

(*Bibliothèque de Reims*, copie.)

21

D. Germain à D. Ruinart.

A Rome ce 15e oct. 1685.

C'est donc aujourd'huy, mon R. P., que nous sortons de Rome pour aller tout droit à Naples. Ce qui nous a fait changer de route, est la commodité des calèches de retour que nous trouvons : au lieu que pour aller à Naples par Tarfe, Subiago et Casin, il nous auroit coûté une somme très considérable tant pour le séjour que nous serons obligez de faire en ces lieux, que pour le tems des labeurs qui occupe tous les chevaux. Ne soyez pas surpris, mon

R. P., de ce mot *tems de labeurs*. Les Italiens sont dans un pays très gras : mais ils n'en cultivent en bien des endroits que ce qui est nécessaire pour en tirer leur subsistance. Il s'en faut donc bien qu'ils emploient toute l'année à labourer et cultiver la terre, comme nous faisons en France ; ils ne se donnent pas ordinairement tant de peine. Ils se gardent bien aussi de travailler, comme ces premiers du Père de famille, dès la pointe du jour jusque au soir. S'ils commencent matin, ils interrompent pour bien quatre heures de repos et de méridienne, et s'ils reprennent le travail après avoir dormi, ce n'est pas pour le continuer jusque à la nuit; il leur reste toujours du tems pour jouer à la boule, ou de la guitare. Que ce mot ne vous fasse pas rire. Vous verriez peu de paysans ou de vallets de paysans aller au champs, ou au pascage, ou à la charrue, sans porter une guitare, dont ils jouent en allant, en revenant et quelquefois en travaillant; ou du moins au milieu du travail, ils font des pauses pour se divertir par ce jeu. Le tems du voyage que nous entreprenons doit être d'environ un mois. Rien ne vous obligera à discontinuer de nous donner de vos nouvelles, parce qu'à 2 ou trois jours près nous les recevrons à Naples ou au M. Casin, comme ici alla Strada Gregoriana. Si nous ne vous écrivons pas *toties quoties*, ce ne sera que pour le faire plus amplement quand nous mouillerons l'ancre. Au reste D. J. M. se porte fort bien. Je souhaite qu'il en soit de même de vous et de tous nos RR. PP. à qui je présente en particulier mes respects comme au vénér. fr. Emond. Je n'ay plus le tems que de me dire, mon R. P., V. T. H. et T. O. S. et C.

Fr. M. G. M. B.

Je vous prie d'envoyer par un des premiers ordinaires les six premiers mois du Directoire bien coupé avec ce qu'il faudra du propre.

Adresse : Au R. P. D. Th. Ruynard rel. bén. de l'abb. de St G. des Prez à Paris.

(*Postscriptum*) Le courrier ayant été arreté par les pluyes je ne fais que de recevoir vostre lettre. Je vous promets de continuer à prier pour madame vostre mère comme j'ay fait pour la mienne propre. Je la croy plus aise que vous et moy. Sa vertu et sa persévérance dans le bien me suggère cette espérance.

(*Bibliothèque de Reims*, copie.)

22

D. Germain à D. Ruinart.

A Rome ce 17e oct. 1685.

Il est apparamment assez inutile, mon R. P., de vous marquer jusque à quel point nous sommes sensibles à l'affliction domestique qui vous a porté à Reims. La cause en est à présent ostée, ou bien adoucie, le tems étant un bon médecin à ces sortes de douleurs : et vous me ferez bien comme j'espère la grâce et la justice de croire que personne n'est plus touché que moy de ce qui vous regarde. De telle manière donc que la chose ait tournée, j'ay fait mon devoir, soit pour la guérison, soit pour le repos de l'âme, soit pour le bien et la consolation de toute vostre aimable famille. Je ne puis vous mander aujourd'huy aucune nouvelle, que celles qui sont comprises dans la lettre au R. P. Prieur, que vous lirez seul, et la cacheterez ensuite. Nostre voyage est encore *in votis* pour lundi prochain. Les raisons nous obligent à partir; l'autorité nous retient jusque à la fin du mois. Il importe peu quand il se fera. Toujours ne serasce pas sans vous en donner avis et sans vous renouveller auparavant, et dans les sanctuaires du royaume, les sentimens d'estime et d'amour avec lesquels je seray jusque à la fin, mon R. P., vostre très humble et très obéissant serviteur et confrère, aussi bien qu'au vénérable D. Emond,

Fr. Michel Germain, M. B.

Adresse : Pour le R. P. D. Th. Ruynard
rel. bén. à St-Germain des Prez, à Paris.

(*Bibliothèque de Reims*, copie.)

23

D. Germain à D. Ruinart.

A Rome la veille de *Noel* (24 décembre 1685.)

Ce seroit, mon R. P., fort mal reconnoitre vos assiduitez, que de vous accuser de négligence, vous qui après ce que vous rendez à Dieu, n'avez rien plus à cœur que de servir vos amis. Je dois bien plutost redoubler mes actions de grâces, pour tous les soins que vous prenez de ce qui nous regarde. Je désire, mon R. P., m'en acquitter d'une manière qui ne vous déplaise pas, et je vous prie instamment de suppléer à ce qui manque en moy faute de pouvoir et d'occasions. Je vous souhaite les s^{tes} festes, et par avance une très bonne et très heureuse année, suivie de plusieurs autres. Voyez nos lettres à l'ordinaire toutes stériles qu'elles sont, il ne tient pas à moy qu'elles ne soient remplies de meilleures choses. et des plus fines nouvelles du pays, mais pour cela il faut des nouveautéz éclatantes, ou converser avec des curieux, ce qui n'est pas de nostre sort et de nostre mission, que nous terminons à voir des mss., à acheter des livres pour le Roy, et quelques uns pour nous, après les avoir choisis scrupuleusement, et enfin à rendre quelques visites à des puissances, chez qui ce seroit un crime de parler de nouvelles. Je mande donc ce que je peux gober, quand je le trouve véritable, ou du moins avoir le caractère de probabilité. Je croy bien que je suis et seray encore calomnié touchant l'affaire des PP. de Cluni avec ceux de St-Vanne, comme Monsieur l'abbé de la Trappe m'a fait la faveur de me calomnier sur son livre. Il en sera des derniers comme du premier. Je ne me mesle de rien. Je deviens encore plus pellerin dans mes désirs, que dans mon éloignement. Après cela, qu'on dise ce qu'on voudra, j'espère que *veritas nos liberabit.* Je n'ay vu qu'en courrant ce qui étoit dans vostre dernière de la Trappe et de Palerme: ainsi D. J. M. y repondra mieux que moy. Nos bons pères, à ce que j'entends, philosophent bien sur nos découvertes et sur le succès de nostre voyage. Témoin ce que D. J.

Prou en écrit. Nous leur sommes obligez de leurs soins et de leur charité : mais nos mesures sont prises, nos secrets encore aussi entiers que nous avons voulu qu'ils soient. Enfin nous continuerons à décrire dans la sincérité comme les choses se passeront à nostre égard, sans que les inductions qu'on en tire à Paris nous privent du droit d'informer exactement nos RR. PP. et nos amis affidez de ce qui nous arrivera. Nous sommes maitres de nos plumes ; tout ira bien, si l'on est chez nous aussi maitre de sa langue, et si l'on ne glose pas sur ce que nous écrivons. Bonjour, mon R. P., aimez toujours également, et le vertueux D. Emond aussi, V. T. H. et T. O. S. et C.

Fr. Michel Germain, M. B.

Adresse : Au R. P. D. Th. Ruynard rel. ben. de l'abb. de St-G. des Prez, à Paris.

(*Bibliothèque de Reims*, copie.)

24

Magliabechi à D. Mabillon.

Rev^{mo} e dottissimo Padre sig^{re} mio sig^{re} e Padrone col^{me}.

Firenze li 10 Gennaio 1686.

Sono debitore di risposta a due cortesissime Lettere di V. P. Rev^{ma}, una de' 18 di Novembre, e l'altra de' 6 di Dicembre, che al solito mi sono state infinitamente grate, e le ne rendo vivissime grazzie. All'una, ed all'altra di esse, rispondero con questa mia. Ed oh con che mio estremo contento, leggo in tutte a due, che senza indugio, V. P. Rev^{ma} darà principio a fare stampare, il suo Itinerario d'Italia ! Niuno certo più di me brama di leggerlo ; e le giuro, che mi pare ognora mille anni, di udire, che sia finito di stamparsi.

Scrissi al Padre Giacomo Ferri, (che fù quello che le copio quelle scritture in Bologna, che le trasmessi) per sapere il nome del Padre Abate di S. Procolo di Bologna, per essere esso Padre Ferri, suo degnissimo segretario,

Mi rispose esso di Modana, dove è stato a prédicare il passato Avvento, le seguenti parole, che le copiero per l'appunto.

« Rigrazzio VS... delle nuove del P. Mabillon, e delle grazzie dà esso per il di lei mezzo trasmessemi ; e in quanto al nome del Rev^{mo} P. Abate allora di S. Procolo di Bologna, ed ora di S. Benedetto di Ferrara, è P. D. Lodovico Guerra di Brà, persona dotta, e di costumi molto esemplari, oltre la nobiltà della nascità. »

Dalla benignissima Lettera di V. P. Rev^{ma} de'6 del passato, veggo il suo dolore, per la morte del Padre Beverini. Non poco mi maraviglio, che V. P. Rev^{ma} non mi avvisi la ricevuta di una sua Lettera Latina, che esso scrisse a V. P. Rev^{ma} un solo giorno avanti della sua morte, e che io le trasmessi costà subito.

La carta intorno al concilio Fiorentino, è qualche tempo che l'ho mandata V. P Rev^{ma}, onde stimo che a questa ora l'abbia ella ricevuta. L'ho fatta copiare per l'appunto in cartapecora, con una estrema diligenzia, come V. P. Rev^{ma} avrà veduto.

Ho fatto vedere al Gran Duca Ser^{mo} quello che V. P. Rev^{ma} mi hà scritto intorno ad esso, ed alla sua Lettera. Hà il Ser^{mo} Padrone letto il tutto con infinito contento, e mi hà comandato il ringrazziarla. Hà esso meritamente una infinita stima per V. P. Rev^{ma}. Anche il Ser^{mo} e Rev^{mo} sig. Principe Cardinal Francesco Maria, che adesso è a Pisa, quando era quà, mi parlo con somme lodi, ed anche lungamente, di V. P. Rev^{ma}, e gli dispiace non poco di non averla veduta.

La seguente settimana, il Sig. Abate Cenni che la riverisce umilmente, mi manderà copiate dal manoscritto di Lucca, le due Lettere del B. Ambrosio Camaldolense, ed io le trasmettero subito a V. P. Rev^{ma}. Mi hà il detto Sig. Abate Cenni mandata per trasmettere a V. P. Rev^{ma} dà sua parte una sua erudita vita di Mecenate, che fece stampare in Roma pochi anni sono. La mandero a V. P. Rev^{ma} senza indugio, con l'occasione di persona che vien costà, allaquale consegnero anche altre cose.

Del nuovo Libro del Sig. Burnetto, me ne aveva parlato assai lungamente un suo Nipote stato quà alcuni giorni, che è dotto, e cortesissimo al maggior segno.

Resto molto maravigliato che V. P. Rev^{ma} non mi scriva cosa alcuna della Lettera di S. Gio. Crisostomo a Cesario Monaco, che mi avvisano che sia stata ristampata in Inghilterra, con la Prefazzione del Sig. Bigot, e con i frammenti Greci dell'istessa Lettera, che esso aveva raccolti da'Padri. Prima ch'io me lo scordi accennero a V. P. Rev^{ma}, come mi è stato mandato dal Sig. Menchenio, il seguente Libretto : Catalogus codicum mss^{torum} Bibliothecæ Paulinæ in academia Lipsiensi concinnatus a L. Joachimo Fellero et cœt. Lipsiœ 1686 in-12. Frà l'altre cose ho osservato, che a carte 200 del detto Libretto, vi si legge : Jo. Gerson, vel, ut alii, Henricus de Palma de Contemptu mundi.

Il Gran Duca Ser^{mo} fece venire il Catalogo della già tanto rinomata Libreria di Buda. Avendomelo dato, ho veduto che non è gran cosa considerabile, ne per il numero de'Libri, ne per la qualità. Puo pero essere che'l catalogo sia difettoso.

Con che supplicandola dell'onore de'suoi stimatissimi comandamenti, e riverendola, come fo anche l'ottimo e dottis^{mo} Padre Germain, mi riconfermo

Di V. P. Rev^{ma}
Dev^{mo} ed obb^{mo} ser vero

ANTONIO MAGLIABECHI.

En marge : Tutti gl'amici riveriscono umilmente V. P. Rev^{ma} e 'l Padre Germain.

Doppo scritto, ho stimato bene, il mandarle qui inclusa l'istessa Lettera del Padre Don Giacomo Ferro *(sic)*.

Sono molti giorni, che quel Prete di S. Lorenzo mi disse, che il manoscritto di Umberto era finito di copiare, e che lo collazzionava. Avvisi pertanto come vuol esser servita.

Adresse : Al Rev^{mo} Padre sig^{re} mio sig^{re} e Padrone col^{mo} il Padre D. Gio. Mabillon Benedettino della Congre gazzione di S. Mauro.

Parigi.

(*Bibliothèque de Reims*, pièce originale.)

25

D. Martianay à D. Ruinart.

Pax Christi.

Mon Révérend Père,

Je m'estime heureux d'avoir trouvé quelque chose qui soit digne de vos désirs, et capable de vous faire du plaisir. Je vous envoye donc la pièce que votre R. m'a demandé dans sa dernière lettre, qu'elle m'avoit adressée à La Grasse. Je l'ai transcrite moy-même sur le ms. de RR. Pères Cordeliers de l'observance du Couvent de Tolose, et je croy l'avoir fait avec assez d'exactitude. Le ms. est un in-4° ecrit, s'il me semble depuis cinq cens ans, qui contient les collations de Cassien avec les vies de quelques pêres du désert, entr'autres celle de St Hilarion qui est la dernière; après laquelle se trouve l'épitre dont nous parlons à la fin de la dernière page du livre en cette sorte *Explicit vita sci Ylarionis.*

Excellentissimo atque benignissimo Anglorum regi Hen., A Dei gracia Tolosanus episcopus salutem et benedictionem. Auditis laudabilibus sanctitatis vestre preconiis quorum in omnem terram sonus exivit, non modicum gaudemus, quia vos in cœlum, ubi nec erugo nec tinea demolitur, et ubi fures non effodiunt nec furantur, dominicum sequendo preceptum, thesaurizare vobis thesauros, multorum relatione comperimus. O beatum regem, qui in divitiis positus pauperum Christi pauperiem humiliter relevare non dedignatur, immo regem omnium regum qui cum dives esset pauper pro nobis factus est in pauperibus suis pascere ac vestire karit.... delectatur, non rex iste de numero illorum nobis esse videtur de quibus dicit psalmista : Dormierunt somnum suum et nichil invenerunt o. u. d. i. m. s., cui tamen non immerito convenit versus iste: Dispersit dedit pauperibus justicia ejus manet in seculum seculi, sed ne maximam sapientie nostre celcitudinem longis videamur gravare sermonibus pro isto pauperrimo abbate et monachis ejus qui in quad. horrenti silva nostre diocesis que juste propter magnitudinem ab antiquo grandis silva vocatur ad dei servicium faciendum juxta regulam beati Benedicti ecclesiam et claustrum edificare nituntur, vestram deprecamur clementiam ut eos benigne suscipiaits et pro dei amore sicut vestram decet magnificentian pietatis eis affectu consulatis, pontificali quoque auctoritate qua licet indigni perfruimur, per penitentiam et per veram vobis obedientiam injungimus, ut ad edificandam ecclesiam ad honorem dei omnipotentis..... Virginis marie sanctique Michaelis archangeli et beati Joannis baptiste beatorum quoque apostolorum Petri et Pauli.... nostri et omnium sanctorum nostre largitatis elemosinas eis largiri dignemini ut illam dulcissimam.... Salvator noster sanctis suis ad dextram positis dicturus e ...audire mereamur : Venite bened.... et quod uni ex minimis meis fecistis, michi fecistis.

Voilà mon R. pere comme j'ay lû dans le ms., car pour les lettres effacées, je n'ay pas voulu les suppléer, quoy qu'il me fut fort facile; mais un copiste pour estre exact ne doit rien mettre du sien. Je seray content si vous la croyez assez curieuse pour être donnée au public, et que le R. père D. Jean Mabillon l'honnore de quelqu'une de ses sçavantes notes.

Je supplie V. R.e de vouloir l'assurer de mes très humbles obeïssances, et de lui demander, s'il croit qu'il faille s'arrester pour la vie et la chronologie de St Jerôme à ce qu'en ont dit Baronius, Erasme, Marius Victorius etc, ou bien a ce qu'en dit Gennadius dans son éloge, et dans l'abrégé de la vie de ce saint docteur, que le R. père a fait imprimer en ses Analectes, et que j'ay trouvé moy-même dans un ms. de l'église de Narbonne Et au cas qu'il faille s'en tenir à cet ancien auteur, comment on doit accorder la distribution des années qu'il fait à la fin de la vie de St Jerôme avec la somme totale de LXXX VIII. ans et six mois. Tout cela me paroist fort embarassant, parce qu'il faudra tout renverser dans la vie de St Jerôme et dans la chronologie de ses écrits, s'il est vray qu'il ait esté fait prestre à Rome à l'aâge de XXVIIII ans, et qu'il soit mort l'année douzième du jeune Théodose, après avoir vécu LXXXVIII ans et six mois. Un peu d'éclaircissement là dessus, le plus tôt que V. R.[e] pourra, en attendant je suis toujours avec beaucoup d'estime et de respect,

Mon Reverend Pere,
Votre très humble et très affectionné confrère,
F. JEAN MARTIANAY M. B.

F. Jean Queulhe salûe avec respect V[e]. R.
de Bourdeaux le 2 d'octobre 86.

En suscription: Au Révérend Père Dom Jean Thierry Ruinart religieux bénédictin au monastère de St-Germain des Prez à Paris. Cachet, figure d'un évêque ou d'un abbé, avec cette légende : *Sigill... S. Crucis Burdeg.*

(Pièce en original à la Bibl. de Reims.)

26

D. Ruinart à un Abbé de son Ordre (1).

Pax Christi. † 9 nov. 1686.

Admodum illustrissime et Reverendissime pater ac domine eruditissime Abbas,

Fecit mea in te summa observantia, ut provinciam ad te rescribendi a Mabillonio meo magistro impositam mihi grato

(1) Cette lettre fut écrite par D. Ruinart, mais revue et corrigée par Mabillon ; nous avons indiqué ici quelques-unes des ratures et des corrections visibles sur la minute. Nous n'avons pu découvrir le destinataire de cette missive.

animo susceperim. Satius quidem fuisset, si ipsemet tuis litteris responsum dedisset, at multis negotiis aliquotque itineribus quæ ex Italia redux facere necesarium fuit, impeditus id in me conjecit, ratus tibi id ingratum non fore. Itineri suo describendo totus incumbit, cujus descriptio brevi in lucem prodibit simul cum primo tomo monumentorum quæ in Italiæ bibliothecis acquisivit, primum tomum dixi, nam plures ad eum thesaurum exhauriendum necessarios futuros speramus (Ici correction 3 mots raturés.) Multa etiam ad sacri Ordinis nostri historiam spectantia adsportavit, ex quibus nonnulla ad sæculum undecimum cui incumbimus spectant, eo quippe sæculo monastica disciplina in Italiam propagata fuit maxime per nostros Cluniacenses qui abbatiæ Cavensi aliisque monasteriis originem præbuere.

Miror te desiderare Catalogum eorum Sanctorum qui sæculo sexto Benedictino inserendi sunt, cum eum ad te anno præterito transmiserim, quod me in suspicionem adducit meas litteras a te receptas non fuisse, ceterum si quovis modo manus tuas effugerit, idque mihi tuis litteris innotescas, alium brevi transmittam, ne in ea re tuis auxiliis destituamur. Catalogum Sanctorum Ordinis nostri, Johanni papæ attributum reperimus in uno codice ms. insignis Bibliothecæ regiæ Parisiis, cujus omnes omnino codices latinos anno præterito evolvimus. Jacoba de *Blemur*, Virgo Benedictina, adhuc in vivis perstat novisque operibus edendis incumbit quotidie. Ex monasterio sanctæ Trinitatis Cadomensis, ubi Regulam (ajouté) professa fuit, Parisios venit ab aliquot (ajouté) annis, nostrisque sanctimonialibus Congregationis Sanctissimi Sacramenti adjuncta, inter quas non minus pietate quam doctrina elucet (1).

Hujus Sanctissimi Sacramenti Congregationis tres domus Parisiis exstant quibus adjectæ sunt aliquot aliæ in Lotharingia et Gallia. Audivi aliquot sanctimoniales ejus instituti

(1) Sœur Jacqueline Boüette de Blemur, morte le 24 mars 1696, et sur laquelle D. Mabillon composa une lettre circulaire insérée dans les *Œuvres Posthumes*, t. I, p. 549.

in Poloniam brevi profecturas, quæ hanc congregationem in eo vastissimo regno propagare satagent. Velit Deus ut sacro Ordini nostro antiquus splendor restituatur.

Exciderat mihi monere te Mabillonium Neapolim montem Casinatem ac Sublacum invisisse, sed Heu pro dolor, hæc sacra specus ubi nostri ordinis incunabula fuerunt, a nostris fere deserta et ob commendatarium abbatem qui omnibus monasterii facultatibus potitus, vix uni aut alteri monacho necessaria ad victum præbet. In monte Cassino centum circiter sunt monachi, qui non solum loci præstantia, verum etiam et morum gravitate et observantiæ regularis vigore cæteris Italiæ monachis præcellunt. Deus optimus Maximus te incolumem servet, o vir optime et eruditissime, in sacri ordinis nostri et rei litterariæ incrementum. Hæc optat,

Admodum illustrissimæ et reverendissimæ dominationis tuæ servus obsequiosissimus et ad omnia paratus,

Fr. J. Theodericus Ruinart, *M. Bened.*

Parisiis e nostro monasterio sancti Germani a Pratis V. Idus novembris anno 1686.

(*Bibl. de Reims*, minute originale.)

27

D. Martianay à D. Ruinart.

D. G.

Mon Révérend Père,

On vient de m'envoyer le ms. de la Seauve, sur lequel j'ai d'abord commencé à travailler. J'ai copié les actes des SS. Bonose et Maximilian, où je n'ai point trouvé le terme de *Paganus*, mais *Gentilis* ; et la narration, qui est un dialogue des martyrs avec le comte Julien, est fort simple, ressentant son antiquité, et ayant même des points d'antiquité assez curieux, comme lorsqu il est dit, que le comte fit mettre son cachet sur le pain qu'on donnait aux SS. Martyrs dans la prison afin de les tromper par ce moyen, et les porter au culte des idoles, c'est-à-dire qu'il y avoit des images des dieux gravées sur le seau ou cachet du président. Pour les actes Sti Maury (?) apud Romam passi, on y trouve ces mots : *Christianus es an paganus* ? Il étoit d'Affrique et souffrit l'empire de Numérian et du préfet Célérin. Je ne copie point ces actes, puisque votre R^e^ n'en veut point où il y a *paganus*. Passio sci Maximi apud Asiam passi, n'est pas celui que vous me marquez. Les actes commencent : Tempore illo Decius imperator volens inperare (?) legem Christianum etc. Ce dialogue est fort court et simple, le proconsul s'appelle *Optimus*. St Emilion est notre Bénédictin, il commence par un prologue. Incipit prologus Brauli (?) episcopi in vita sancti Emilion presbyteri insignia miraculorum apostolica purgatissimique divi Emiliani etc. Explicit prologus ; Incipit vita : Emilianus futurus hominum, erat pastor ovium, etc. Si V. R^e^ le veut, il faut s'il lui plait m'avertir. Je copierai les actes des S.S. Faustini, Januaris et Marcialis qui sont bons. Ils commencent : Cum Eugenius sacrilega mente et impio spiritu etc. Le titre des SS. Vincent, Sabine et Crist etc. est celui-cy : Passio beatissimorum martyrum Vincenti, Sabinæ et Crastete, qui passi sunt in urbe Abela sub Daciano preside VI kal. Novembris. Les actes commencent : In diebus illis dum post corporeum Salvatoris adventum etc... St Saturnin est celui de Tolose : Passio sancti Saturnini episcopi et martiris Tolosane urbis, que est III K. decembr. Si eorum virorum beatissimas passiones etc. C'est un petit prologue et les actes commencent : Tempore namque illo quo post corporeum etc. Les mots que V. R^e^ trouve corrompus partout y sont mis ainsi vers la huitième ligne. Et crebis miserabili errore gentilium indocile factis in omnibus locis templa fumarent ante annos plurimos adest, sub Decio et Gaio consulibus, sicut fideli relatione retinetur etc. Je ne copieray point celle-cy si V. R^e^ ne la souhaite, car pour collationer, nous n'avons ici aucun livre, et ce sont de grandes affaires quand il faut aller dans une bibliothèque pour le faire. Pour les martyrs que V. R^e^ ne connoit pas, voicy comme il y a : Incipit prologus in passione sanctorum martyrum X. militum quorum festivitas agitur X k. Julii, Petro e regione sancte Sabinensis ecclesie episcopo, Athanasius summe et apostolice sedis bibliothecarius, in Domino salutem. Post translatam a me petionem tue sanctitatis (?) passionem incipiunt (?) doctoris et martyris Petri Alexandrine urbis patriarche, etc. Quelques lignes après le commencement des actes, il y a ces mots : de quorum collegio extiterunt beati divi Achati, primicerius et Eliades dux : et Theodorus magister militum, et Carcherius campidoctor, cum aliis contubernalibus suis, denis milibus, qui sub una die pro Christi nomine interempti sunt etc. Sur tout le reste que V. R[e] m'a marqué, je tacherai de l'exécuter le mieux qui me sera possible, et je la prie de me répondre au plûtôt touchant ce que je viens de lui marquer.

Je n'ai encore aucune réponse de ce que j'avois envoyé à Paris, je veus dire du commencement de ma réponse au livre de l'antiquité des tems. Si V. R[e] en savoit quelque chose elle me feroit plaisir de m'en avertir, ou d'en faire souvenir le très R. P. Général. Je ne scai pas même ce que je dois devenir, nôtre R. Père visiteur ne m'ayant rien écrit là dessus. Je me recommande à vos SS. Sacrifices et suis avec respect,

Mon Révérend Père,
Vostre très humble serviteur et confrère,

FR. J. MARTIANAY M. B.

Je présente mes humbles
respects à V. R. P. prieur
et au R. P. D. J. Mabillon.
De Bourdeaux le 26 Juin 88.

Adresse : A D. Ruinart.

(*Bibliothèque de Reims*, copie assez difficile à lire pour les passages latins.)

28

D. Martianay à D. Ruinart.

P. C.

Mon Révérend Père,

Quelque résolution que j'aie prise de ne plus penser à Paris, le désir que je sens à vous faire plaisir, m'oblige de faire quelque exception, et de n'étendre pas mon silence jusqu'à V. R[e]. C'est pour quoi je lui promes de faire tout ce qu'elle m'a témoigné souhaiter, et de chercher quelque occasion pour lui envoyer au plutôt tous les actes qu'elle m'a marquez. Pour ceux de S. Maurice, dont elle demande cinq ou six lignes, je trouve qu'ils commencent par un prologue, qui est une épitre de St Eucher non pas à St Salvien, mais à tous les fidèles : EUCHERIUS LUGDUNENSIS archiepiscopus,omnibus fidelibus.Gloriosa beatorum martirum gesta, pia quoque et admiranda certamina debita veneratione recolentes, mirabilem in sanctis suis dominum pariter universi reges terre et omnes populi, principes et omnes judices terre, juvenes et virgines, senes cum junioribus collaudemus. 92. exaltatum est nomen ejus solius etc... A la fin il y a ces mots : Quominus (?) nullius mortalium sermo digne valeat explicare universalium virtutum et gratiarum dona que dominus noster Jhes... eisdem servis suis dignatus est propagare. Explicit prologus : Incipit passio sanctorum Christi martyrum Passionem, qui locum Agaune glorioso sanguine illustravit, pro honore gestorum stilo explicabimus, ea utique fide qua ad nos martyris ordo pervenit nam,etc.. A la fin de cette narration : propter ea illic laudes dei servas canentes ore persolvent illi cui honor et gloria, imperium et potestas cum patre et spiritu sancto per omnia secula seculorum Amen. Explicit passio S. Mauricii sociorumque ejus ; Item incipiunt miracula sanctorum martirum Agaunensium. Spe Dominus arrogantiam contumacis mas urga correctionis enervat (?), ut in eadem etc. A la fin: Ad litus evecti sunt; après un sermon: hodierna solemnitas fratres Karissimi nos admonet a presentis vite amore disjungi... Explicit sermo.

Si tout cela vous agrée, V. R^{e} me mandera ce qu'il faut faire avant que je rende le livre à nos peres de la Seauve, car je ne prétens rien laisser icy de ce qu'on a eu la bonté de me prêter, ce qu'on n'avait peut être pas fait pour tout le monde.

Je suis si fort seul pour tout ce qui s'appelle travail, étude et collations, que je me considère comme un homme tout estropié, à qui on auroit coupé bras et jambes pour n'être plus propre qu'à rouler dans les exercices des novices. Mais pourveu que Dieu se tienne à ma droite, je ne saurois appréhender ce que les hommes me fairont, et il vaut mieux aller au ciel tout estropié que de descendre en bas le corps entier. Quoi que je n'aye donné aucun sujet, Dieu mercy, à bien des tours désobligeans qu'on me fait, Dieu me fera la grâce de me mettre au dessus des plus élevés dans ce monde et de mépriser tout ce qu'ils estiment.

Je demande toujours au R. P. Mabillon un peu de part à son amité et à ses bonnes grâces, que j'estime plus qu'on ne pourroit penser. Continuez moy aussi vous même, s'il vous plaît, vôtre affection et vostre amitié et je vous promes que de mon côté je vous rendrai sincèrement le réciproque, puisque je suis avec respect,

Mon Révérend Père
Votre très humble et très obéissant serviteur et confrère,

F. Jean Martianay, M. B.

De Bourdeaux le 31
Juillet 88.

Suscription : Au R. P. D. Jean Thierry Ruinart, rel. bén. au monastère de S. G. des P. à Paris.

(*Bibliothèque de Reims*, copie.)

29

D. Mabillon à M. Marquette, à Laon.

Monsieur,

Il n'appartient qu'à vous de flatter agréablement les gens, et vous sçavez si bien tourner les choses que si je n'estois bien persuadé de ce que je suis, je pourrois bien tomber dans le piége que vous me dressez. Je ne serois pas même tout à fait assuré de la crainte de quelque surprise, si je ne joignois aux sentimens de mon indignité le peu de fond qu'il y a à faire sur l'amitié et l'estime des hommes ; ce n'est qu'en Dieu qu'on trouve une amitié solide, non plus que les véritables honneurs et la véritable grandeur. Il veut bien souffrir que nous y aspirions, mais je serois bien digne de compassion si je me croiois capable de quelque chose de grand, moy qui ne suis né et n'ay esté élevé que dans les choses basses et ravalées. Tout ce que je pourrois espérer par l'élévation des deux personne dont vous me parlez seroit peut estre d'avoir quelque accès auprès d'elles pour des choses de médiocre conséquence. S'il y en avoit quelqu'une de cette nature qui put vous regarder, Monsieur, je vous assure que je me ferois un très grand plaisir de m'y employer de mon mieux pour la faire réussir, et je croirois avoir fait un très bon usage du petit crédit que je pourrois avoir, s'il pouvoit servir de quelque chose à une personne aussi bien intentionné et qui a le cœur aussi bien placé que vous. Je ne veux point d'autre preuve de la disposition de votre cœur que la part que vous me voulez bien donner dans votre bienveillance, et si je l'ose dire dans votre amitié. Je vous assure que je la préfère aux dignités du monde, et je suis assuré que je n'y peux pas correspondre entièrement par les effets, je peux au moins en mériter en quelque façon la continuation par ces sentiments de respect, d'amour que je veux conserver toute ma vie pour votre personne et pour toute votre famille. J'espère avoir quelque jour l'honneur de vous renouveller de bouche ces mêmes sentiments, et je vous prie de trouver bon que je présente icy par avance mes respects à Mad[lle] Marquette que j'honore autant que je dois. Je suis avec tout l'attachement possible,

Monsieur,

Votre très humble et très obéissant serviteur,

Fr. Jean Mabillon, M. B.

à Paris ce 6 novembre 1689.

(*Bibliothèque Nationale*, Fr., 19649, f° 90.)

30

D. Bellaise à D. Ruinart.

Pax Christi

Mon Révérend Père,

Une occasion me porte a vous faire une prière. C'est que Mr Bulteau n'étant point présentement en état de travailler, je vous supplie de vouloir bien prendre sa double table chronologique imparfaite depuis 900, jusqu'à mil, et de voir ce qui s'y trouve d'un Concile de Rouen ou de Normendie de ce temps là, et de m'envoier copie de ce qu'il pourra vous indiquer touchant ce concile non imprimé, et les canons qu'il a fait si cela se peut. Que si vous ne trouviez rien dans ces tables du dixième siècle, voiez celles du neuf[e], car il se pourroit faire que celui qui me l'a indiqué auroit pris l'un pour l'autre. C'est pour joindre cette pièce, que M. Bulteau a dit à un ami n'être point imprimée, à une collection de semblables que j'ai fait. Vous pourrez lui dire que j'ai encore trouvé deux nouveaux conciles dans un ms. de M. Bigot, qui leur ont échapé au p. Pommeroie et a lui, de quoi M[r] le Docteur Bulteau, qui tomba dessus par hasard, demeura surpris, il y en a un tems dans notre monastère de Bonnenouvelle.

Pour moi, sitost que je serai sorti d'une pièce de chicane,

qu'il ma falu écrire pour les droits de notre monastère, que je transcris présentement au net, je me mettrai à faire un inventaire de nos mss. ou il y a encore quelque chose de fort bon. S'il s'y trouve quelque chose à votre usage, je me ferai un plaisir de vous en donner communication. J'espère encore voir ceux de Preaux et de Lire, ou je pourrai faire quelque découverte. Cela me servira de divertissement après les eaux minérales qu'il m'a falu prendre cette année tout incommode qu'il ait été pour cela. Elles m'ont fait un mouvement surprenant dans le corps, et par bonheur m'ont appaisé du moins quant à présent, une forte douleur de gravelle que je souffrois. Il y a quinze jours que je suis absolument rentré à la communauté, et néanmoins je ne laisse pas de ressentir que les humeurs sont encore en agitation, mais ce n'est plus rien à l'égard de ce que c'étoit immédiatement après, et je voi que tout s'appaise peu à peu et se tourne à bien, sans qu'il me reste que quelques legères débilitez qui ne m'empêchent de rien, et entrautres s'il s'agissoit de faire quelques chose pour mes amis.

Nous n'avons point encore céans le livre du R. P. Mabillon que j'apprens néanmoins être déjà ailleurs, ce qui détruit le bruit qu'avoient fait courir quelques uns qu'il y avoit eu une intrigue si forte qu'il ne paroitroit point.

Je salue l'auteur et nos autres amis et en particulier le R. P. D. Guillaume de Villeneuve, qui ne refuseroit pas d'écrire quelque chose pour moi s'il se trouvoit que v. R. fut pressee d'autre travail.

L'on m'a dit que quand Monseigneur de Coutances est à Paris, il va quelquefois à S. Germain des Prez: si cela arrivoit, je prirois V. R. de se servir de l'occasion et de lui faire demander plusieurs pièces qu'il a touchant les conciles de Normendie. Je ne mets pas en ce rang les anciens synodes de son diocèse qui furent imprimez en gothique l'an 1538, car je les ai. J'ai appris qu'il a bien d'autres bonnes pièces par une voie certaine parce que c'est d'un qui est tout son conseil et entièrement dans sa confidence.

Excusez mon importunité, et me croiéz comme je suis franchement, M. R. P., votre très humble et très affectionné confrère,

FR. JULIEN BELLAISE, M. B.

au Bec ce 16 sept. 1692.

La suscription porte: Au Révérend Père Dom Thierri Ruinart Religieux Bénédictin en l'abbaie de St Germain des Prez, à Raris.

(*Bibliothèque de Reims*, pièce originale.)

31

D. Mabillon à D. Thierry Ruinart (1).

P. C. † A Reims, ce 10 octobre 93.

Mon R. Père,

J'ay vu messieurs vos parens qui se portent assez bien, grâce à Dieu. Monsieur votre Père commence à se lever et à se promener dans son jardin. Il ne paroit pas à son visage qu'il ait été malade. Il se plaint toujours des manières de quelques-uns, mais tout va bien à present. J'ay donné votre lettre au R. P. Prieur de Saint-Thierry. Monseigneur de Reims qui vint le voir lorsque nous y étions avant-hier, est fort content de luy et en fait estime. Il s'en expliqua hier à table fort avantageusement. Nos Seigneurs les évêques de la province doivent arriver icy aujourd'hui pour l'assemblée provinciale. Nos Seigneurs de Châlons, de Soissons et d'Amiens logeront à l'archevesché, Monseigneur de Laon n'y viendra pas. Je n'ay pas eu encore le tems d'entretenir M. Gillot. Il devoit être du voyage de Saint-Thierry, mais Monseigneur de Reims le retint pour affaire. Tachez de vous tenir gay. Je dois retourner à Paris lundy 29 du

(1) Deux lettres écrites de Reims, et pleines de détails sur les évènements rémois, affaires de Reims.

courant avec M. l'archevesque. Ne m'oubliez pas dans vos bonnes prières. Mes complimens au R. P. Prieur, au P. souprieur et mes amitiés à tous nos confrères, adieu.

Les vendanges sont fort chétives. Nos pères de Reims n'auront pas plus de 60 pièces de vin. On a étably des bureaux pour donner du pain aux pauvres de la ville, et on lève pour cela une somme de cinquante mille livres. Il y a trois mille familles dans la misère et 7 à 8 cens pauvres à l'hostel-Dieu. Il faudra que les particuliers aient soin de la Montagne.

(*Adresse*) Paris. Au Révérend Père dom Thierry Ruinart religieux † de l'abbaye de Saint Germain des Prez, à Paris.

(*Bibliothèque Nationale*, Fr. 19649, fo 229 et 230.)

32

D. Mabillon à D. Ruinart.

P. C. Pour d. † Thierry, ce mercredy 14e octobre 93.

Le chapitre de Notre-Dame donne 400 livres par mois aux pauvres de la ville. On commença hier la distribution du pain. Il y a 12 bureaux dont un est à Saint Remy, et un autre à Saint Nicaise.

J'ay reçu votre lettre, M. R. Père, au retour de Saint Basle où j'aurois volontiers demeuré plus longtems si Monseigneur de Reims me l'eut permis, mais il a fallu revenir icy le lendemain que j'y suis arrivé. On m'a dit au retour que Charleroy n'étoit plus pris, et que le courier que M. de Guiscard avoit envoyé le jour précédent à Monseigneur de Reims n'étoit que pour luy donner avis de la capitulation, et que l'on a envoyé en cour pour sçavoir si le Roy en agréra les articles. J'ay vû tous messieurs vos parents, qui se portent bien. M. Du Val est allé à Charlemont. J'ay fait vos complimens à M. Gilôt, et luy ay rendu votre lettre. Le R. P. Prieur de Saint Basle s'est fort enquis de votre santé. Il me paroit qu'il commence fort bien, aussi bien que le R. P. Prieur de Saint-Thierry. Monseigneur de Reims goûte fort celui-ci et approuve les bâtiments de Saint Thierry. Il m'a encore répété avant hier que notre départ d'icy seroit lundy prochain, je ne scay rien davantage qui mérite de vous estre mandé. Le R. P. Prieur de St-Remy ira à l'église catédralle le jour de la dédicace, et si Monseigneur de Reims n'officie pas comme il y a bien de l'apparence, il sera vis-à-vis de luy dans l'église. Je ne scay où tout cela aboutira : car je ne crois pas que le prélat en revienne. Mes respects au R. P. Prieur et mes civilités au P. soup^{r}, à D. Charlier, le pr. de Saint-Nicolas et tout à vous. F. J. M.

Ou en estes vous de vostre impression ?

(*Bibliothèque Nationale*, Fr. 19, 649, f° 231.)

33

Magliabechi à D. Ruinart.

Rev^{mo} e dottissimo Padre Sig^{re} mio Sig^{re} e Padrone col^{mo}.

Firenze li 4 Febbraio 1695.

Non iscrivo questa mia a V. P. Rev^{ma} perche l'abbia ad incommodare nel rispondermi, poiche anzi pel contrario la prégo a non farlo, giache pur troppo grande onore sarà, che V. P. Rev^{ma} si degni di leggerla. Il mio fine si è di riverirla con la penna, come fo sempre col cuore, e renderle insieme grazzie infinite, del suo nuovo, dottissimo ed eruditissimo Libro, intitolato : Historia Persecutionis Vandalicæ, che con tanto eccesso di bontà e di cortesia, si è degnata di mandarmi a donare, ed in oltre anche nobilmente legato. Mi è stato infinitamente grato, si per se stesso, giache ardentissimamente lo bramavo; come per venirmi da V. P. Rev^{ma}, che io con ogni ragione, tanto venero. Con mio rossore ho veduto, che V. P. Rev^{ma}, con bontà e cortesia troppo grande, a carte 539, ha voluto inscrire in questo suo insigne Libro, il mio vil nome : onore certo da me non meritato, se non forse per la venerazzione che ho sempre portata, e che porto. a V. P. Rev^{ma}, ed a tutti gli altri ottimi e dottissimi Monaci, di codesto Santuario.

Ho fatto vedere il Libro non solamente a gli amici eruditi di questa città mà anche all' Emin^{mo} Sig^{re} Cardinale Sfondrati, che l'hà tenuto appresso di se, tutto quel poco di tempo, che si è trattenuto in Firenze.

Arrivo quà il suddetto Sig^{re} Cardinale Sfondrati, Giovedi, che fummo a 2 del presente mese, circa alle 19 ore ed ando ad allogiare in Badia.

Sermattina, essendo venuti alcuni di que' Monaci a dirmi, che aveva mostrato grandissimo desiderio di vedermi; andai a riverirlo, e si degno di tenermi a discorrere di materie letterarie, per più di due ore, con tanti eccessi di benignità, e di cortesia, che in verità mi vergogno di me medesimo, nel ricordarmene. Mentre che discorrevamo, vennero molti signori per visitarlo, ed anche monsig. Vescovo di Fiesole, mà il sig. Cardinale gli fece licenziar tutti, non ne volendo ricevere alcuno, per non interrompere i nostri discorsi. Ne meno Monsig. nostro Arcivescovo, benche suo Paesano, hà potuto vederlo.

Ieri doppo desinare, ebbi l'onore di fargli vedere le Librerie di S. A. S. e di S. A. R., e questa mattina, circa alle 16 ore, è partito, essendo stato in Firenze meno di due giorni.

Alla santità della vita, ed alla Letteratura, ha congiunta una infinita cortesia.

Con mia estrema confusione, mi dirono i Monaci di Badia, che quando arrivo, si degno sempre di discorrere di me, con lodi dà me per capo alcuno non meritate; e che per sua bontà, ha fatto l'istesso anche questa mattina, nel partirsi. Mi disse, che aveva dà stampare un suo Libro, intorno alla Predestinazzione; un altro della Probabile e della Probabiliore; un altro, intorno al Nipotismo; la Filosofia, ei.

Con che, di nuovo rendendo a V. P. Rev^{ma} grazzie infinite del prezziozo dono, del suo dottis^{mo} et eruditis^{mo} Libro,

10

e dell' onore che si è degnata di farmi in esso, col supplicarla dell' onore de' suoi stimatissimi comandamenti, e riverirla, mi confermo

Di V. P. Rev^{ma}

Affet^{mo} Dev^{mo} ed obb^{mo} ser' vero.

ANTONIO MAGLIABECHI.

Adresse : Al Rev^{mo} e Dottis^{mo} Padre Signore mio e Padrone Col^{mo} il Padre Don Teodorico Ruinart Bened^{no} della Congregazzione di S. Mauro. Parigi.

(*Bibliothèque de Reims*, pièce originale.)

34

D. Liron à D. Ruinart.

Mon Révérend Père,

J'estois sur le point de me donner l'honneur d'écrire à vostre Révérence, lorsqu'il m'a fallu déménager. Elle en scait la raison; car D. Louis a écrit au R. P. Mabillon. J'ay lu vostre lettre avec bien du plaisir, et quoy quelle ne m'ait pas persuadé, je n'ay pas laissé d'en beaucoup profiter. Mais je vous supplie, mon R. P., destre pleinement persuadé que les difficultez que je vous ay proposées n'ont rien diminué de l'estime que je fais de l'ouvrage, ni du respect que j'ay pour son auteur. J'ay lû plusieurs bons livres, et je m'imagine y avoir au moins appris à faire distinction entre les fautes qu'on peut rencontrer dans les ouvrages les plus travaillez et les plus exacts, comme est le vostre. Quand celles que j'ay cru y voir seroient réelles, ce que je ne puis ni ne veux assurer, c'est pour lors que je ferois usage de cette belle maxime :

Verum ubi plura nitent in carmine non ego paucis
Offendar maculis, quas aut incuria fudit,
Aut humana parum cavit natura....

Quoy qu'il en soit, je n'ay pas jugé devoir rentrer dans cette dispute. Je veux la laisser meurir (*sic*). J'ay destiné cette lettre à autre chose. Je supplie très humblement V. R. de m'instruire sur les articles suivans :

1° Je désire scavoir ce que c'est que le typique de S. Sabas, qui est ce S. Sabas, et en quel temps il a vescu.

2° En quel temps vivoit Simon Metaphraste, et s'il est différent de Simon Logothète. Isaac Vossius n'en fait qu'un, si je ne me trompe.

3° S'il est certain que Metaphraste soit auteur des actes de S. Catherine, comme le suppose, ce me semble, M. de Tillemond. Je voudrois bien en avoir quelque preuve. J'ay de la peine à le croire à cause du silence de Nicephore, et parce que ce nom a paru bien tard dans le monde.

4° Quel jugement vous faites de ce que M. de Tilmont a dit de cette sainte, ce qui me paroît le plus méchant morceau de son histoire.

5° Ce que vous jugez de la censure que le mesme historien a fait des actes de Mammaire qui sont dans le 4e tom. des Analect. Elle me paroist très solide et très sensée. Je voudrois bien scavoir aussi ce qu'en juge le R. P. Mabillon.

6° Ce que vous jugez de la censure que le mesme a fait des actes de S. Boniface Romain, martyr à Tarse. Elle est assurément de mon goût, mais je désire scavoir encore ce qu'en pense le R. P. Mabillon.

7° Sur S. Theodote d'Ancyre il trouve une difficulté, en ce que les prestres payens déchirent leurs habits, sur quoy il demande si cela était en usage parmi d'autres que les Juifs. Je répons qu'ouy. Hérodote, liv. 8, parlant de ce qui se passa à Suse lorsqu'on y eut appris la defaite de Xerxès, dit :

ἡ δε δευτερη σφι ἀγγελιη επεξελθοῦσα συνεχεε οὑτω ὡστε τους κιθῶνας κατερρηξαντο παντες.

Voilà les Perses qui déchirent leurs habits. Mais parce que les mœurs des Perses estoient fort différentes de celles des Grecs, je demande à mon tour si ce passage d'Hérodote suffit pour ôter toute la difficulté et répondre à la demande de M. de Tilmont. Il semble qu'on peut répondre affirmativement parce que Hérodote ne parle point de cette

action comme d'une coutume particulière aux barbares.
En voilà assez pour une fois, et quoy que je scache que cela ne nous coustera guère, je ne crois pas devoir abuser de vostre honnesteté, ni de vostre temps. Continuez de m'aimer et me croyez avec beaucoup de respect,

Mon Révérend Père,

Vostre très humble et très obeissant serviteur et confrère,

FR. JEAN LIRON, M. B.

à Angers, à S. Serge, le 22 aoust 99.

Dom Louis salue V. R. et lui présente ses respects. Je la supplie de présenter mes très humbles respects au R. P. Mabillon. D. Louis la prie de luy accorder la mesme grâce, et, l'un et l'autre, de nous faire scavoir ce qui se passe touchant l'édition de St Aug., si cela ne l'incommode point.

F. C. H. fait la mesme chose apprès avoir assuré le R. P. Prieur de son humble respect.

Adresse : Au Révérend Père Dom Thierry Ruinart R bénédictin, en l'abbaye de St Germain des Prez à Paris.

(*Bibliothèque de Reims*, copie.)

35

D. Fillatre à D. Ruinart

Pax Christi.

Mon Révérend Père,

Dom Jean Mabillon m'aiant témoigné que vous souhaitiez scavoir si nous avions un Ms du livre *de Revelatione œdificatione et auctoritate Monasterii Fiscanensis* imprimé dans *Neustria pia*, je vous diroy, pour satisfaire à tous deux par une même lettre, que j'y en ay lû un autres fois, et qu'il peut avoir environ 300 ans, autant que la mémoire peut m'en représenter maintenant le caractère : car je n'ai pû le retrouver à présent pour m'en asseurer d'avantage.

Je croirois cependant que ce ne seroit qu'une copie dont l'original auroit esté composé soubs Guillaume de Ros troisième abbé, et auquel il auroit esté dédié comme aiant esté fait par son ordre, comme il paroit par la préface. En effet le stile semble mieux convenir au temps de cet abbé qu'à celui des autres du même nom, dont les uns ne sont venus que 200 ans, et les autres environ 300 après lui. S'il m'estoit permis d'en deviner l'auteur, je dirois que ce seroit Adelelme que la réputation de cet abbé avoit attiré de S. Germer à Fécamp, et pour lequel il avoit toujours conservé une estime et un attachement particulier, tant par ses écrits durant sa vie, que par l'épitaphe qu'il lui composa après sa mort. C'est ce qu'en dit expressément Orderic Vital. Baudri, évêque de Dol, qui avoit vû ce même Religieux à Fécamp vers l'an 1110 et qui avoit pris plaisir à sa conversation, en parle aussi comme d'une personne de mérite dans sa lettre *Ad Fiscanenses*. Tout cela peut faire au moins quelque probalité (*sic*) qu'il estoit capable de ce petit ouvrage, et que la complaisance pour cet abbé le lui auroit fait entreprendre à sa considération. Ce sont mes petites conjectures que je soumets à votre jugement. Mais, bon critique comme vous estes, je ne doute point que vous n'en trouviez de meilleures. Cela me fait ressouvenir que D. Jean Mabillon approche du temps de parler de ce monastère dans ses Annales, et que nôtre cartulaire qu'il a eu la bonté de sauver du naufrage lui peut estre maintenant de quelque utilité dans ce sujet : mais que nous pouvons espérer après cela qu'il voudra bien nous le ravoir (?). Faites lui bien connoître cependant, en lui présentant mes très humbles civilitez, que je ne dis cela que par occasion, et sollicité plustôt par l'impatience des autres que par la mienne propre.

Il y a quelque temps que je pris la liberté de prier le R. P. Claude Guenier de vouloir achepter quelques livres pour un de mes amis, et qu'il eut la bonté de me mander qu'il avoit déjà emploié une partie de 112 l. que je lui avois fait toucher pour cela par une lectre de change. Mais comme je lui avois marqué qu'il pouvoit pousser son emplete jusques à la somme d'environ 200 fr. que je lui fournirois sur son mémoire, je lui mandé ensuite qu'il se bornât à 50 ecus, par ce que la personne qui devoit donner la lectre de change pour le reste avoit demandé quelque delay ; que s'il avoit cependant emploié plus que cette somme, il voulût bien me le faire sçavoir, et m'envoier la facture de libraire pour lui faire tenir ce qui seroit nécessaire pour le parfait paiement. Je ne scai si cette petite brouillerie n'auroit point dégoûté ce Révérend Père, et m'auroit privé de l'honneur de ses nouvelles, n'en aiant point reçu depuis ce temps là. Dans cet embaras, souffrez que je vous demande vôtre médiation pour m'obtenir de lui un mot de réponse, où il me donne ses ordres et me marque ce qu'il a fait et ce que je doibs faire. Obligez moi aussi de lui présenter mes excuses et mes respects, et en cas qu'il ne fût pas dans la disposition de me faire l'honneur de me récrire, de vouloir bien avoir la bonté de le faire vous même pour me tirer d'inquiétude, aussi bien que la personne en faveur de laquelle j'avois pris la liberté de l'importuner. Vous nous ferez un singulier plaisir. Je suis avec une sincère affection et une véritable estime, Mon Révérend Père, votre très humble et très obéissant serviteur et confrère,

F. GUILL. FILLATRE, M. B.

à Fécamp 20 févr. 1700.

Suscription. — Au Révérend Père Dom Thierri Ruinard Religieux Bénédictin à l'abbaye de St-Germain-des-Prez, à Paris.

(Bibliothèque de Reims, pièce originale.)

36

D. Montfaucon à D. Mabillon.

Le R. P. Mabillon † à Rome le 25 May 1700.
P. C. (3)

Mon Révérend Père,

Je crois que M. l'Archevêque de Rheims aura envoyé à V. Rce un exemplaire de l'écrit qu'on a publié icy contre votre lettre *De cultu Sanctorum ignotorum*. Bien des gens de cette cour ne sont pas contens de la manière outrée dont parle ce jeune écrivain; je sçay qu'on a blâmé M. Pastrizzi d'avoir approuvé ce livre. Il est à propos, ce me semble, que V. Rce y reponde. Quoyque cet écrit soit fort misérable, comme il est imprimé avec approbation et permission du Maitre du sacré palais, il pourroit faire impression sur certains esprits.

Il me revient de bonne part que M. le Card. Noris a dit qu'on a trouvé depuis peu une inscription aux Catacombes où on lit à la teste : *Dis Manibus* tout au long, quoyque le tombeau où elle étoit appartint à un chrétien, ce qui favorise fort votre sentiment; je m'informeray plus exactement du fait et vous manderay ce que j'en auray appris.

J'allay hier aux Catacombes de S. Laurent avec M. l'abbé Fontaines; nous n'y trouvâmes rien qui vous puisse servir. Les endroits où l'on n'a pas encore touché sont bouchez de peur que ceux qui y viennent n'emportent quelque chose. Je crois que vous devez travailler à une réponse, où il seroit bon d'apporter les addoucissemens que votre prudence vous suggérera, sans pourtant vous départir de votre premier sentiment qui est le meilleur et le plus seur. Je suis avec toute l'estime et l'attachement possibles,

Mon Révérend Père,

Votre très humble et très affectionné confrère,

FR. BERNARD DE MONTFAUCON.

Il Padre D. Guillelmo fa profondissima riverenza a V. Rma. P.

Suscription : Au Révérend Père dom Jean Mabillon, à St-Germain des Prez, à Paris.

(*Bibliothèque de Reims*, original avec cachet.)

37

D. Petitdidier à D. Ruinart.

Mon Révérend Père,

Vous aurez lieu de vous plaindre de mon incivilité d'avoir tardé jusques à présent à vous remercier et le R. P.

Mabillon aussi de l'honneur de votre souvenir et du présent que vous m'avez fait. Lorsque je reçus celle que vous m'avez fait l'honneur de m'ecrire nous etions sur notre départ pour aller à notre Chapitre, ce qui fut cause que je ne vous fis point réponce d'abord. Et depuis notre retour j'ay cru devoir différer jusques à ce que j'eusse reçû votre présent, lequel ne m'est arrivé que depuis quelques jours. Je vous en rend grâce de tout mon cœur, et suis ravi du bon acceuil que le St Père a fait à ce petit ouvrage que vous luy avez dédié. On dit en ce pais cy qu'il a appellé à Rome le R. P. Mabillon et que celuy cy est déja parti pour s'y rendre. J'en serois ravi tant par rapport à sa personne qu'à l'honneur de l'ordre, pourveu que j'apprisse que vous ne laisseriés pas de continuer l'ouvrage commencé. Faites moy le plaisir de me dire ce qui en est et si ce R. Père est encore à Paris, de luy faire mes très humbles remerciemens. Les nouvelles de littérature que vous m'avez communiquées m'ont fait plaisir et me donneront lieu d'acheter les livres que vous marquez, faites moy le plaisir de me marquer si la nouvelle impression des ouvrages du P. Alexandre in-fol. mérite d'être achetée par ceux qui ont déjà ces ouvrages in 8°. Que dit on de la nouvelle Vie des Saints de M. Baillet? est-elle estimée?

Voicy une autre chose d'une nature différente, sur laquelle je vous prie de vouloir bien m'instruire. Il importeroit à notre maison d'icy de savoir si dans votre Congrégation vous n'avez pas des abbayes qui dans les actes publics et processions ont la presséance sur des collégiales de chanoines, ou même si dans quelques lieux il n'y a pas de ces chapitres qui viennent prendre nos religieux dans leurs églises pour les processions, qui marchent à leur tête, et qui les ramènent après la procession. Si vous savez de vos maisons qui soient dans l'un ou l'autre de ces deux cas, vous nous obligerez beaucoup de nous les indiquer, affin que nous puissions en faire venir des attestations authentiques. Voicy à quoy cela peut nous servir. On veut icy établir une collégiale dans l'église de la paroisse, et l'on prétend leur donner la presséance sur nous, quoy que nous soyions les curez primitifs et seigneurs temporels de la ville, à peu prez comme vous l'êtes dans le faubourg St Germain à l'égard de la paroisse de St Sulpice, parce que l'on croit en ce pais cy qu'il est sans exemple que des moines ayent la presséance sur des chanoines séculiers en quel cas ce puisse être. D'où vous jugez bien qu'il nous est important de donner des exemples du contraire. Je vous prie donc de vouloir bien nous faire ce plaisir et dy ajouter la grâce de croire que je suis avec beaucoup d'estime et de sincérité,

Mon Révérend Père,

votre très humble et très obéissant serviteur,

D. MATHIEU PETITDIDIER.

De St Mihiel ce
14e may 1701.

Adresse: Au Révérend Père, le Révérend Père Dom Thiery Ruinart, religieux Bénédictin de labaye de St Germain des Preys à Paris,

(*Bibliothèque de Reims*, pièce originale.)

38

D. Mabillon à Mr de Pontchartrain.

†

Monseigneur,

J'ay reçu avec un tres profond respect l'honneur qu'il a plû a Sa Majeste de me faire en me mettant au nombre des academiciens honoraires de l'academie royale des Inscriptions. J'avoüe que j'ay esté surpris qu'un si grand Roi ait bien daigné jetter les yeux sur une personne obscure telle que je suis et qu'il ait eu la bonté de me donner place dans une Compagnie si illustre. Heureux si je pouvois correspondre en quelque façon aux glorieux desseins de S. M. Mais je sens bien qu'il me sera beaucoup plus facile de profiter des lumieres de tant d'illustres et eclaires academiciens, que de presumer de pouvoir (*sic*) leur en donner de nouvelles. Je feray neanmoins mon possible pour n'estre pas tout a fait indigne de cet honneur. Je vous rens de tres humbles actions de graces, Monseigneur, de ce que V. G. a bien voulu m'en faire expedier les lettres. Je les conserveray precieusement comme un illustre monument de la bonté d'un si grand Roy a l'egard d'un de ses très humbles et très obeissants sujets, et comme des arres, si je l'ose dire, de votre protection que je vous prie de vouloir bien m'accorder. Je scay ce que je dois en tout cecy a Mr l'abbé Bignon, et j'espere qu'il me fera bien encore la grace (*sic*) de me presenter a V. G. pour vous temoigner mes tres humbles et tres sinceres reconnoissances et la profonde veneration avec laquelle je suis,

Monseigneur,

votre très humble très obeissant et très obligé serviteur

F. J. Mabillon.

A Paris ce 18e Juillet (1701).

(*Bibl. Nat.*, Fr., 19639 fo)

(Réponse à la lettre de M. de Pontchartrain, publiée dans les *Œuvres Posthumes*, t. 1, p. 526. — Cette réponse est donnée ici avec l'ancienne orthographe, qui a été modernisée par M. Chavin de Malan dans la publication qu'il en a faite à la p. 385 de l'*Histoire de D. Mabillon*, in-12, Paris, 1843.)

39

D. Petitdidier à D. Ruinart.

Mon Révérend Père,

Que direz vous de moy d'avoir tant tardé à vous écrire et à vous remercier aussi bien que le R. P. Mabillon du beau présent que vous m'avez fait? Je vous assure que ce n'est pas dédain ny indifférence, rien ne m'est plus cher que vos personnes ny plus agréable que vos productions. Mais c'est que j'ay été absent près de deux mois entiers, et que comme l'on croyoit tous les jours que j'allois venir on ne m'a pas envoyé votre lettre non plus que plusieurs autres. Je vous remercie du meilleur de mon cœur de votre beau présent et des honnêtetés que vous me faites à ce sujet. Si jay tâché de vous rendre en ce païs-cy une partie de ce que je vous devois, j'aurois souhaité pouvoir en faire davantage et je n'ay pas satisfait mon cœur là-dessus. Jay déjà lu la preface du premier tome et une partie de celle du second. Elles sont l'une et l'autre parfaitement belles à l'ordinaire. J'ay fait mettre ce qui regardoit le R. P. abbé de Moyenmoutier entre les mains de M. le Doyen de St Pierre qui m'a promis de les envoyer à son frère après qu'il lui aura un peu fait payer le passage. Je suis bien faché de la santé chancelante du R. P. Mabillon. Je voudrois de bon cœur le tenir icy pour contribuer un peu à son retablissement. Nous avons du parfaitement bon vin de Bar qui avec l'air de la Meuse y aideroit de quelque chose. Je verroy au premier jour si nous avons quelque chose d'Urbain second que vous n'ayez pas et je vous le manderoy. On fera bien de fortifier un peu le Journal, car il étoit devenu fort languissant. Il ne faut pas que la guerre vous fasse différer d'un moment l'impression des Annales, lorsque vous serez arrivé au point que le R. P. Mabillon a marqué pour cela. Vous aurez l'Espagne et l'Italie libres et nous vous ferons avoir l'Allemagne.

Il faut vous dire à présent pourquoy jay été si longtemps dehors. J'avois été mandé à Nancy au sujet d'un voiage que M. de Toul y a fait pour essayer d'accommoder les différens qu'il y a entre MM. les Evêques et notre cour. On s'est beaucoup approché, et l'on croit en ce païs cy que ce prélat auroit fini s'il n'avoit appréhendé le quand dira-t-on après tout le bruit qu'il a fait à Paris. Il a néanmoins rompu sur ce qu'il n'a pas voulu reconnoitre de voye de droit pour recourir au prince en cas d'entreprise de la justice ecclésiastique sur la temporalité. Tout le reste étoit près d'être accommodé, et il paroit qu'il ne tiendroit pas à MM. de Verdun ny de Metz que la chose ne se conclust. Le prince qui dans un âge peu avancé est d'une piété singulière a fait de son côté tout ce qu'il a pû pour cela et a fait des honnêtetez à M. de Toul dont ce prélat luy-même ne sauroit assez se louer.

On nous écrit de Rome que le Pape promet de juger au plutot les difficultés de la Chine, que les congrégations sur cela sont finies et qu'il a déjà nommé et sacré archevéque un abbé Piedmontois qu'il envoyera en ce pais la pour délégat a latere pour faire exécuter son jugement, Dieu veuille qu'il soit avantageux à l'Eglise. Faites moy la grâce de me donner de tems à autre de vos nouvelles et de celles de votre cher maitre, et soyez persuadé qu'on ne peut être avec plus d'estime et de respect que je suis à l'un et à l'autre,

Mon Révérend Père,
Votre très humble et très obéissant serviteur,

D. MATHIEU PETITDIDIER.

De St Mihiel
ce 9e de l'an 1702.

Obligez moy de présenter mes très humbles respects au R P. Général et de faire de ma part mille complimens aux R. P. Montfaucon, Gueniez, Nourry et à tous nos bons amis auxquels je souhaite comme à vous une heureuse année comblée de mille biens et accompagnée d'une bonne santé.

Adresse : Le Révérend Père Dom Thierry Ruinart religieux de l'abbaye de St-Germain des Preys, à Paris.

(*Bibliothèque de Reims*, copie.)

40

D. Petitdidier à D. Ruinart.

P. C.

Mon Révérend Père,

Sans un voyage que j'ay été obligé de faire à Nancy immédiatement après notre chapitre, je n'aurois pas différé jusques à aujourd'huy à vous remercier de l'honneur de vostre souvenir et des nouvelles que vous avez bien voulu me communiquer pendant la durée de notre chapitre. Elles m'ont fait bien du plaisir et je les ay communiquées à nos amis. Je me réjouis de voir votre dissertation sur St Maur. Vous ne risquez rien d'en faire les frais, elle ne vous demeurera pas sur les bras. J'ay fait lire au réfectoire le livre sur la mort, c'est une lecture très édifiante dont je remercie de rechef le R. P. Mabillon que je vous prie d'embrasser tendrement pour moy. On a vu avec bien de la satisfaction la première feuille de ses Annales imprimée. Je souhaite de tout mon cœur qu'avant de mourir il m'envoye encore la dernière, et je suis persuadé que si Dieu luy donne la vie et les forces pour fournir cette carrière, il dira de bon cœur *Nunc dimittis*. J'ay vu depuis peu le professeur de l'abbaye de St Maximin de Trèves appellé P. Jacques, lequel croit que vous n'avez pas leur histoire ni leurs titres et qui s'offre de vous les envoyer ; mais il aimeroit encore mieux que vous allassiez les voir sur les lieux. Je suis bien impatient d'apprendre quelle aura été la décision de Rome sur les cultes chinois. Mandez-moy si la vie de M. de la Trappe paroit.

Pour ce qui est des dispositions de notre chapitre, vous les aurez peut-être déjà apprises par d'autres. On a fait notre R. P. abbé président de la Congrégation, comme il l'avoit déjà été du chapitre. D. Paul Jussy a été fait visiteur de Champagne et D. Nicolas Maillot, qui était ici maitre des novices lorsque vous y vintes, lors de notre province. D. Charles Berger est toujours à St Nicolas et D. Humbert Belhomme à Nancy. Pour moy on me charge de la conduite d'un noviciat que l'on met icy. Vous voyez bien que cela ne me convient guères ; mais il faut se résoudre à tout dans l'espérance que cela ne durera pas. Lorsque votre chapitre sera fini, vous me ferez plaisir de m'en marquer les principales dispositions et la destinée de ceux que je connois. Je me recommande bien à vos SS. sacrifices et à ceux du R. P. Mabillon, et suis du meilleur de mon cœur,

Mon Révérend Père,

Votre très humble et très obéissant serviteur,

D. Mathieu Petitdidier.

De St Mihiel ce 19 may 1702.

J'oubliois de vous dire que D. Hilarion Monnier s'est

fait déposer au chapitre de la charge de Prieur de Besançon. Je crois qu'on a fait une grande faute de lui accorder sa demande.

Adresse : Au Révérend Père Dom Thierry Ruinart, religieux en l'abbaye de St Germain des Preys, à Paris.

(*Bibliothèque de Reims*, copie.)

41

D. Monnier à D. Ruinart.

P. C.

le 26 juin 1702 à Bezançon.

Mon Révérend Père,

Je vous dois depuis fort long temps une réponse et je diffère de la faire jusqu'à ce que la commission que vous m'avez donnée soit faitte. Elle ne l'est pas encore. C'est un opera que d'aller fouiller dans les archives de l'abbaye de Baulme. Ces messieurs sont en garde contre tout ce qui leur vient de notre part. La réforme est un épouvantail qui frappe leur imagination par tout ou paraissent les religieux réformez. J'attens néanmoins dans peu de temps la copie de la bulle que vous m'avez demandée; dez qu'elle sera venuë je vous l'enverray.

Je ne vous escris ce mot que pour vous prier de donner quelques marques de l'amitié dont vous nous honorez à l'honneste homme qui vous rendra ce billet. C'est un député du magistrat de la ville de Bezançon qui est frère d'un président a mortier de nostre parlement, et l'un des meilleurs amis de l'ordre. Il s'appelle Mr Philippe. Il m'a prié en sortant de luy donner quelque connoissance à St Germain. Il faut s'il vous plait qu'après que vous l'aurez veu, vous lui fassiez voir le P. Mabillon, que je vous supplie très instamment d'embrasser de ma part bien fortement. Vous estes l'un et l'autre bien gravez dans mon esprit et dans mon cœur, et je puis dire que je suis tellement attentif à ce que vous faittes pour le bien de l'ordre que je ne vous perds point de veue. Je vous suis, mon Révérend Père, sensiblement obligé de toutes les bontez que vous avez eues pour mon neveu. Je crois qu'il ne restera pas longtemps à Paris. C'est un malheur pour luy d'estre obligé de quitter un poste qui luy est si avantageux pour retourner dans son pays où il n'aura pas de si grands secours.

Avez vous fait quelque chose contre Mr Baillet en faveur de St Maur et de St Placide? On nous mande que les mystères de cet auteur sont sous la presse, et que l'ouvrage n'avance pas faute d'argent qui devient plus rare tous les jours. Nous attendons avec impatience le décret de Rome sur les affaires de la Chine. Nos Js. se vantent qu'ils ont gain de cause. On croit qu'ils n'ont pas tant de sujet de triompher qu'ils le font paroitre. Priez pour moy, mon très cher Père, j'ay besoin du secours de vos prières pour obtenir de Dieu la grâce de faire un bon usage du repos que nostre dernier chapitre m'a accordé, en me délivrant du fardeau de la supériorité qui m'accabloit. Je suis très respectueusement,

Mon Révérend Père,

Vostre très humble et très obéissant serviteur et confrère,

F. Hilarion Monnier.

(*Bibliothèque de Reims*, pièce originale.)

42

D. Monnier à D. Mabillon.

Deo gratias,

Je viens tout présentement, mon Révérend Père, de recevoir vostre obligeante lettre du 27 du mois passé, et je ne veux pas retarder d'un moment la réponse, affin que vous conceviez mieux que ma reconnoissance pour vostre s^te^ amitié est très vive.

On ne m'a point parlé de Madame la Princesse Christine de Salm, et je ne la connois que de réputation. Je voudrois bien pouvoir estre utile à ces illustres personnes dans les bons desseins qu'elles ont formé de régler l'Abbaye de Remiremont (1). Mais je ne vois pas ce que je pourrois faire pour leur service. Vous avez eu, Mon Révérend Père, trop bonne opinion de moy, dans le témoignage que vous leur en avez rendu. Il est de mon interest et du vostre de les laisser dans l'erreur : du mien, de peur de détruire l'estime que celle que vous avez pour moy m'a attiré ; et du vostre, de peur qu'en me faisant voir, on ne vous accuse d'avoir manqué de discernement. Mais sans parler de cette raison de politique, que l'on pourroit négliger dans une affaire où il s'agit de l'intérest de Dieu, j'ay d'autres raisons de ne pas m'engager sur cette première ouverture que vous me faittes. Je suis chargé d'une communauté où il y a des affaires qu'il est difficile de quitter. Je prétends à la vérité me faire décharger au chapitre prochain à raison de mes infirmités qui augmentent, et qui ne me permettent pas de suivre exactement tous les exercices réguliers. J'auray besoin de prendre quelques remèdes pour essayer si on pourroit tant soit peu me rétablir, non pour guérir, mais pour estre moins incommode aux autres. Cet estat d'une santé chancelante n'est guère propre comme vous voyez pour l'action. D'ailleurs, je ne sçais de quoy il s'agit. Je ne suis nullement instruit des affaires de ces princesses, ny de tout le détail de leurs différends. On m'assure qu'elles ont affaire à des dames fort difficiles sur le chapitre du réglement, on ne pourroit donc paroitre en ce lieu là sans y estre regardé d'un fort mauvais œuïl. Tout ce qu'on pourroit y establir de bien contre le gré des personnes, attireroit toute la haine sur celuy qu'on regarderoit comme le conseiller. Cela excite souvent des passions violentes dans un sens qui de soy ne

(1) Sur ce projet et ses suites, consulter les *Œuvres Posthumes de Mabillon*, t. II, p. 70.

paroit pas violent, et quelques fois les suites en sont fascheuses. Mais il faut vous avoüer, mon Révérend Père, qu'il n'y a rien, nonobstant tout cela, que je ne voulusse faire en vostre considèration, et sur un avis de vostre part, si je ne me sentois tout à fait incapable d'une si grande affaire, où je n'ay nulle ouverture, et que je regarde comme un chaos. Il faut donc, mon Révérend Père, vous contenter de servir ces illustres princesses dans nostre retraitte en priant nostre Seigneur qu'il benisse leurs bonnes intentions, et qu'il leur envoye celuy qu'il leur destine. Je craindrois mesme fort que si j'en usois autrement, on eut raison de me mettre au nombre de cette multitude effroyable de *fugitifs de soy mesme*, que nostre bon ami tasche dans son livre de remettre dans le bon chemin pour les faire rentrer dans leur propre pays où ils ont tant de peine de demeurer. J'ay commencé à lire cet ouvrage dont l'auteur m'a fait présent. Je le trouve encore de l'entrée, dans le monde des idées, d'où je le croyois de retour. Je vois bien que c'est un monde enchanté pour luy. J'ay envie de luy en faire tant soit peu la guerre, la première fois que je luy escriray, mais je vous prie de me garder le secret. Pour revenir aux princeses, je vous supplie de dire ou d'escrire à Madame Christine tout ce que vous jugerez à propos de la vénération que j'ay pour sa vertu, et en même temps du peu de secours qu'elle peut attendre d'une personne comme moy, pour les raisons que je viens de vous marquer.

Je me réjouis fort du progrez de vostre travail. On me mande que l'on veut attendre la paix d'en donner le premier tome au public (1). Cela me fait peine, car je crains de mourir avant que d'en pouvoir joüir. Je prie Nostre Seigneur qu'il vous donne des forces pour continuer. Vous m'avez rejoüis de m'apprendre que nos députés espèrent bien de leur affaire. Il est constant que l'interest temporel de nostre province se trouve dans la réunion, mais je n'ay

(1) Il s'agit vraisemblablement ici des *Annales Bénédictines*, dont le premier volume parut en 1703.

jamais donné là dedans pour deux raisons : la première, c'est qu'on doit préférer le spirituel au temporel ; la seconde, c'est qu'estant enfant d'une congrégation, je dois la deffendre au préjudice de mes intérests propres, et que je prévois des suites très funestes de cette entreprise de Cluny, si elle réussissoit. Vous le concevez mieux que moy, et je m'imagine que vostre congrégation s'en apperçoit assez.

Ce qui me fait de la peine au sujet des Apostats, ce sont les graces particulières. Nous en ressentons icy les mauvais effets, un certain frère Hildephonse Gillot, après avoir passé trente années, à faire le vagabond par toute l'Europe, après que nous avons obtenu trois ou quatre décrets contre luy tant en la pénitencerie que dans la congrégation des Evesques et réguliers, après deux arrests au parlement de Bezançon qui le condamne et le déboute de ses fins qui estoit de nous obliger à lui fournir une pension, enfin il y a un an qu'il a obtenu un nouveau bref à la Péniténcerie signé du cardinal Colloredo, qui donne pouvoir au vicaire genéral de Bezançon de le retenir sous sa juridiction, luy adjuger une pension sur nos monastères et le soustraire de l'obéissance de ses supérieurs, luy faisant mesme donner de l'argent pour nous plaider sur un prieuré uni à nostre maison dont cet apostat s'est fait pourvoir en cour de Rome. Le vicaire général l'a favorisé en tout ce qu'il a pû, l'a mis sous sa protection, luy a adjugé cent escus de pension sur nostre maison, etc. Cet apostat va donc par les rües de Bezançon la teste levée, habillé de court, avec la perruque sans capuche, avec un chapeau etc. On ne peut rien de p'us scandaleux au dehors, et de plus fascheux pour le dedans. Il est vray qu'il a donné à nostre maison par son testament pour environ deux mille escus de bien qu'on a employé à bastir nostre monastère qui est une nouvelle fondation. A présent, il faut sur un décret de pénitencerie détruire cette maison pour fournir de quoy faire bonne chère à cet Apostat, qu'on a jamais refusé de recevoir, et qu'on a toujours traitté avec toute la douceur possible. Je demande la révocation de ce décret, et le P. Estiennot y travaille. Il s'adresse à la Congrégation des Evesques et Réguliers, car on nous a dit que nous n'obtiendrions rien à la Pénitencerie. Mais peut es're que sur vostre recommandation, M. le grand pénitencier pourroit modifier la chose, en réduisant cet homme à la bulle générale des Apostats nous obligeant de luy donner la pension jusqu'à ce temps là, c'est à dire jusqu'à ce que les 8 mois soient finis, le déclarant inhabile à posséder le bénéfice par luy obtenu contre son serment et suivant nos priviléges, et cassant ou révoquant pour le surplus le bref par luy obtenu et la sentence du grand vicaire de Bezançon qui s'en est ensuivie.

Je prens la liberté de vous envoyer une copie de ce bref de pénitencerie, et je vous prie, *si quid potes adjuva nos.* Le Père Estiennot a tous nos mémoires, et sçait la vie de nostre homme. Il a présenté requeste, mais il demandoit plus que ce que vous voyez que je demande, qui me paroit assez doux et conforme aux intentions de Sa Sainteté. Je vous demande mille pardons de vous entretenir si longtemps. Vous me témoignez tant d'amitié que je crains d'en devenir importun. Je suis donc avec tout le respect et toute la sincérité possibles tout à vous pour Nostre Seigneur Jésus-Christ,

FR. HILARION MONNIER.

(*Bibliothèque de Reims*, pièce originale en 5 pages in-4°. Elle ne porte ni lieu, ni date, mais on peut supposer qu'elle fut écrite de Besançon, vers 1702, avant la publication du t. I des *Annales Bénédictines,* auxquelles il est fait allusion dans la lettre).

43

D. Petitdidier à D. Ruinart.

P. C.

Mon Révérend Père,

Je vous suis sensiblement obligé de la bonté que vous avez eüe de vous souvenir de moy pendant nostre chapitre et des curiositez dont vous m'avez fait part. En récompense il faut que je vous marque quelques dispositions de nostre chapitre. On y a fait président le R. P. D. Ringo et visiteurs D. Charles George et D. Benoist Fontaine. D. Jérôme Pichon est toujours abbé de St Airy et D. Jussy prieur d'Hautvillers. D. Humbert Belhomme est toujours resté supérieur à Nancy et D. Charles George à St Nicolas. Je crois que c'est à peu près ce que vous connaissez de nos supérieurs. J'ajoute seulement que D. Philippe Loupmont vient de sortir d'icy qui va estre supérieur de Breuil à Commercy. Mais ce qui vous fera plus de plaisir à savoir par rapport au R. P. Mabillon, c'est que sur ma remontrance on a fait une ordonnance insérée et publiée avec les autres réglemens du Chapitre que tous les supérieurs de la Congrégation acheteront les Annales de l'Ordre du R. P. Mabillon à mesure que chaque volume s'achevera d'imprimer. On a aussi ordonné un service solennel dans toutes nos maisons pour célébrer l'année séculaire de nostre réforme et demander à Dieu de renouveller dans la Congrégation l'esprit de la réforme. On a déjà fait la cérémonie icy pendant la tenue du Chapitre. Voila à peu près ce que je puis vous mander de nostre Chapitre. Marquez moy, je vous prie, quel sera le prix du premier tome des Annales, et si nous les aurons au même prix que vos maisons. Vous dites que lorsque ce tome sera parachevé le R. P. Mabillon ira faire un tour à Rheims. Mais n'y a-t-il pas moyen de vous débaucher pour vous attirer jusques icy? Dites au R. P. Mabillon que je le conjure de nous faire ce plaisir et que nostre P. abbé l'en prie aussi bien que moy.

Si vous manquez de commodité je m'offre de vous envoyer prendre à Rheims, vous amener icy et vous ramener. Je ne vous demande pour cela que de m'avertir à temps. Vous savez qu'on peut se fier à ma parole et que je suis exact à l'exécuter. Embrassez, je vous prie, pour moy le R. P. Mabillon et soyez persuadé que c'est avec beaucoup d'estime et de reconnoissance que je suis,

Mon Révérend Père,

vostre très humble et très obéissant serviteur et frère,

D. Mathieu Petitdidier.

De St Mihiel ce
7e may 1703.

Adresse: Le Révérend Père Dom Thierry Ruinart religieux de l'abbaye de St Germain des Preys, à Paris.

(*Bibliothèque de Reims*, copie.)

44

M. de Villefore à D. Ruinart.

Si vous avez eu la bonté, mon revérend père, d'apostiller un petit mémoire que je pris la liberté de vous mettre entre les mains, lorsque j'eus l'honneur de vous rencontrer il y a quelque tems, je vous prie de le donner au porteur. C'étoit pour avoir l'explication de quelques termes que je n'entends pas dans les notes des lettres de St Bernard. Je vous seray très obligé de votre peine. Je suis très parfaitement, mon Révérend Rère,

Votre très humble et très obéissant serviteur,

Villefore.

le premier juillet

Suscription : Au Révérend Père Dom Thierry Ruinart Bénédictin à l'abbaye de St Germain.

(*Bibliothèque de Reims*, copie.)

45

M. Duguet à D. Ruinart.

Depuis que j'ay lu votre scavante dissertation, mon Révérend Père, je crois vous devoir de nouvelles actions de grâces de l'honneur que vous m'avez fait de me la donner. Elle démesle avec beaucoup de lumière et de solidité ce qu'on avoit tasché d'obscurcir, et quoy qu'on soit bien ayse que vous aiyez raison, l'on ne peut s'empescher de s'étonner que celuy que vous combattez ait en touttes choses un tort si visible et si inexcusable (1). Il n'est pas plus heureux dans les matières que le R. P. Dom Coustant à éclaircis. J'avois déjà beaucoup de respect pour son mérite, mais il importait au public de le connoitre autrement que par des notes. Son ouvrage est plein d'érudition et l'on y remarque partout de la force, de la justesse, de la clarté, de la noblesse, de la candeur et une exacte théologie. Je souhaiterois seulement que certaines expressions, qui répandent quelque nuage dans le discours, parce que l'usage en est moins commun, n'en interrompissent pas la pureté, ou plutôt la noble simplicité, mais elles sont rares et le remède en est aysé.

Je vous supplie, mon Révérend Père de prier beaucoup pour moy et de demander la même grâce au R. P. D. Mabillon, que j'assure icy, aussi bien que vous, de mon très humble respect et de ma parfaite reconnoissance.

DUGUET.

Vendredy 8 avril.

Suscription : Au Révérend Père Dom Ruynart dans l'abbaye de St-Germain des Prez.

(*Biblioth. de Reims*, copie.)

(1) Il s'agit probablement ici de l'*Apologie de la Mission de St Maur*, Cfr. D. Tassin, *Hist. litt.*, p. 281.

46

Du Cange à D. Ruinart.

Je vous envoie, mon Révérend Père, le *Zodiacus Mediolanensis,* dont je vous ai parlé, où vous trouverez la vie de St Ambroise et son image. La vie de ce saint se trouve en grec, en plusieurs Mss. du Roy, cottez 2023, 2024, 2025, 2449 et 2450. Je crois qu'il est bon de la donner, quoi que peut estre elle ne contienne rien de particulier. Je suis votre très humble et très obeissant serviteur.

Du Cange.

Suscription : Pour le Révérend Père Dom Thierri.

(*Bibl. de Reims*, copie.)

47

D. Mabillon au procureur général de sa Congrégation, à Rome.

Ce 18 août 1704.

P. C.

Mon R. Père,

Je vous suis très obligé de la lettre que vous avez pris la peine de m'écrire par le dernier ordinaire. Il parait que M. l'Ambassadeur de Venise conçoit fort bien les fâcheuses conséquences du livre du P. Germon. Plusieurs sont icy de son sentiment, mais d'autres éblouis par un style fleuri et par une honnêteté apparente, mais très injurieuse en effet, en ont été frapez. Je suis sensiblement obligé à Monsieur l'abbé Fontanini de ce qu'il veut bien employer des momens précieux pour me venger. Je ne doute pas qu'ayant les talens dont il est doué, il ne le fasse avec succès. Je vous prie de lui présenter mes respects, et de luy dire ce que je crois vous avoir mandé, que l'*Anonymus Dionysianus de gestis Dagoberti* vivait 200 ans au moins après Dagobert, c'est à dire vers le milieu du IXe siècle, et que c'est un auteur de peu d'autorité et rempli de fables.

Il y a aussi en cette ville un habile homme qui écrit contre ce père. J'espère que notre supplément de la Diplomatique sera achevé dans la fin de ce mois, Dieu aidant. Je viens d'achever la révision de la Lettre d'Eusèbe, et j'espère que la 2e Edition ne sera pas désagréable à S. S. et à Nosseigneurs les Cardinaux ; du moins, ai-je taché de faire de mon mieux pour cela. Obligez-moy de prier Dieu pour moy. D. Thierry vous fait ses complimens. Je prie Dieu qu'il vous conserve, et suis de tout mon cœur, Mon R. Père, votre très humble et obéissant serviteur,

F. Jean Mabillon M. B.

Suscription : — Au R. Père, Le R. P. Procureur Général à Rome.

(*Bibliothèque de Reims*, copie.)

48

Le premier président de Harlay à D. Ruinart.

Mon Révérend Père,

Ayant esté tesmoin de l'estime et de la confiance que Dom Jean Mabillon avoit en vous, je vous supplie de trouver bon qu'ayant esté honoré depuis plusieurs années de sa bonté, je mesle une larmes avec les vostres et que je vous tesmoigne la part que je prends dans votre affliction. Je vous demande en mesme temps la mesme grâce dont il luy plaisoit de m'honorer, de m'avertir de l'heure qu'on a pris pour faire ses obsèques, afin que j'y puisse assister et luy rendre ce dernier devoir, s'il m'est possible. Je suis très fidèlement,

Mon Révérend Père,

votre très humble et

très obéissant serviteur,

de Harlay.

A Paris ce 28 décembre 1707.

Suscription : au Rd. Père, le Rd Père Dom Tierry, en l'abbaye St-Germain-des-Prés,

Cachet en cire rouge aux armes.

(*Bibliothèque Nationale.*, Fr. 19639, f° 142.)

49

Dom Jacques de la Cour, abbé de la Trappe, à Dom Ruinart.

Mon Révérend Père,

Je n'ai pas manqué de recommander aux prières de notre communauté le R. P. D. Jean Mabillon. La seule mémoire d'un si grand homme, si vénérable à toute l'Église et l'honneur de votre congrégation, recommandable autant par sa grande piété et toutes les vertus religieuses que par sa profonde science, n'est que trop suffisant pour prendre tout l'intérêt possible à une telle perte, et à ne pas l'oublier dans nos prières, mais l'estime et l'affection qu'il a toujours eu pour notre réforme et qu'il a même rendue publique en plusieurs rencontres, jointe à celle que toute votre congrégation a témoigné pour la mémoire de notre père par des services solennels, nous oblige par une parfaite reconnaissance à rendre à celle du R. P. Mabillon par de semblables prières publiques et solennelles. C'est à quoi nous espérons satisfaire au premier jour. Je suis avec toute l'estime et le respect possible, mon Révérend Père,

Votre très humble et très obéissant serviteur,

F. Jacques, ab. de la Trappe.

Le 12 de janvier 1708.

†

Au Révérend,

Le Révérend Dom Thiery Ruinart,
religieux bénédictin de l'abbaye de St-Germain-des-Prés à Paris.

(*Bibliothèque Nationale*., Fr. 19639, f° 166.)

50

Le P. Germon à D. Ruinart.

Mon Révérend Père,

P. C.

Un honeste homme m'ayant demandé si j'avois assisté au service du R. P. Dom Jean Mabillon, je lui répondis que non, parce que je n'avois pas esté averti, j'ajouteray que j'avois prié Dieu pour le défunt que j'honorois et que j'estimois véritablement. Mais je n'ai eu garde de me plaindre qu'on ne m'eust pas invité. Je n'ay aucun titre pour prétendre qu'on ait dû penser à moy. C'est ce qui me rend plus sensible à l'honesteté de votre Révérence, dont je la remercie. Je la prie en mesme temps de se persuader que j'ay toujours esté tres éloigné de croire que cela pust partir d'aucune mauvaise volonté. Je vous assure qu'il ny en a aussy jamais eu de ma part, j'aurai toujours pour la mémoire de l'illustre défunt, pour vostre personne et pour toute vostre congrégation, l'estime et le respect que je dois.

Je ne scays si vous avez appris qu'on repand dans l'université une pièce de vers latins qui peuvent faire tort à la mémoire du P. Mabillon. On en fait d'abord un bel éloge, ce que je ne puis qu'approuver : mais ce quon y dit ensuite de quelques personnes qui ont toujours vécu et qui vivent encore dans une révolte ouverte contre les décisions de l'Eglise pourroit donner lieu de croire que le R. P. Mabillon a eu des liaisons avec ces sortes de personnes, ce qui ne seroit avantageux ni à ce Père, ni à la cause de l'Eglise. Ces messieurs avoient voulu de la mesme manière répandre dans le monde que feu Mr de la Trape avoit esté des leurs. On a fait voir le contraire, et cela a eu un bon effet, vous jugerez mieux que moi ce qu'il vous convient de faire, mais je suis convaincu qu'il n'est pas honorable au défunt qu'on mesle son nom avec le nom de ceux qui manquent de soumission pour l'Eglise, et il me semble qu'il doit estre aisé de faire taire ces panégeriques imprudens. Pardonnez moy la liberté avec laquelle je vous en écris : c'est un effet de mon zèle et de la syncérité dont je fais profession ; je suis avec respect,

Mon Révérend Père,

de V. R. le très humble et très obéissant serviteur en N. S.

GERMON

de la Compagnie de Jésus.

à Paris ce 22 de l'année 1708.

(*Bibl. Nat.*, Fr. 19639, f° 120.)

51

D. Roussel à D. Ruinart

P. C.

Mon Révérend Père,

L'attachement et la liaison étroite que la charité et l'étude avoient formé entre vous et le R. P. Dom Jean Mabillon, me persuadent que c'est vous faire plaisir que de jeter quelques fleurs sur le tombeau de ce cher et illustre confrère. Je prends donc la liberté de vous adresser cette prose quarrée (1), que j'ai faite pour donner à la mémoire de ce grand homme des marques de la vénération que j'ai et que nous devons tous avoir pour lui. Je n'y ai marqué que les faits qui m'ont été connus et que sa grande réputation a appris à toute la terre. Si j'avois eu d'autres mémoires, j'aurois pu faire quelque chose de plus digne de lui. Mais enfin, telle qu'est cette pièce, je vous prie de l'agréer et de croire que je suis avec une véritable estime,

Mon Révérend Père,

Votre très humble serviteur et très affectionné confrère,

Fr. G. Roussel, M. B.

A Saint-Nicaise le 16 février 1708.

(*Bibl. Nat.*, Fr. 19639, f° 263.)

(1) Pièce assez étendue, publiée à Reims, in-4°, Fr. Godard, 1708, et insérée par D. Tassin dans son *Histoire Littéraire*, p. 399, 215 à 220.

52

La prieure des Carmélites de Reims à D. Ruinart.

Jésus † Maria.

Mon très Révérend Père,

Nous avons appris avec beaucoup de douleur la mort du Révérend Père dom Mabillon, par M. Boutton et mes frères les Bénédictins ; on ne peut être plus sensible que nous le somme à votre juste douleur et à celle de votre sainte congrégation, qui a fait assurément une très grande perte. Toute notre communauté, et nous en particulier, avions pour ce saint homme toute l'estime et la vénération posible ; nous n'avons pas manqué d'offrire au seigneur nos pauvres prières pour le repos de son âme quoy qu'une si sainte vie nous donne lieu d'espérer que Dieu l'aura regardé dans ses miséricordes. — Vous rendé bien justice, mon Révérend Père, au mérite de ce vertueux et grand Religieux, de vouloir metre ses écrist au jour, nous nous ferions, je vous assure, un véritable plaisir de pouvoir y contribuer en vous anvoyant quelques lètres, mes comme celle qu'il s'est donée la paine d'écrire à celle qui nous a présédez d'an la charge et à ma sœur de Précy, sont toutes remplie des difigulté que cette dernière a eü avec M. son Père touchant sa vocation et le prosé quelle a eü à soutenir, et que cette affaire est extrêmement resente et a été très publique, cela fait, mon R[d] Père, que nous ne croyons pas devoir vous les envoyer, les persones intéressez étant encore vivant ; permeté mois, je vous supplie, que le R[d] Père dom Glaude Guenié trouve isy les assurance de mes très humble respect et de l'estime et vénération que j'aures toute ma vie pour sa révérence, le supliant très humblement de vouloir bien se souvenir de ma pauvreté et miser au S[t] autel ; ne me refusez ausis, je vous en conjure, mon R[d] Père, cette même faveur ; je prend encore la liberté de vous prier d'acorder la même grâce pour le Père Hibert, chanoine Régulier de Saint-Augustin, mon frère, que Dieu a retiré de ce monde depuis un mois. Ma s^{r} de Précy prend la liberté de vous présenter ses respect. Elle a été très touchée de la mort du R^{d} Père Mabillon, je vous dirée que M^{r} son Père est toujour le méme à son égart et à celuy de notre couvend, et ne la vient pas voir du tout, ce qui ne peut luis être que très chagrin; elle se recomende beaucoup à vos saints sacrifices et prière; j'ay l'honneur d'être avec beaucoup de respect et une véritable estime,

Mon R^{d} Père,

Votre très humble et très obéissante servante,

Sr Marie de St-Jean.

des R^{des} Carmélites de Reims, ce 28 de fevrier 1708.

(*Bibliothèque Nationale*, Fr. 19639, f° 70).

53

D. Etienne Goyel à D. Ruinart.

A St-Nicaise de Reims le 5e mars 1708.

Mon Révérend Père,

Je vous envoye une ode en vers latins *In memoriam Reverendi admodum Patris Domini Joannis Mabillonii;* œuvre qui a reçu les suffrages de nos confrères de St Nicaise et de St Remy.

Ce n'est pas d'aujourd'hui, mon Révérend Père, que j'ay conçu une grande estime de cet illustre confrère; il y a dix neuf ou vingt ans, lorsque j'estois à St Germain des Prez, que je pris la liberté de lui présenter une épigramme qu'il receu avec sa bonté ordinaire, et pour me marquer qu'il l'acceptoit volontiers, il me fit l'honneur de me donner une image, au bas de laquelle il mit deux vers que je vous envoie aussy avec l'épigramme.

Voici les deux vers que le R. P. Mabillon me fit l'honneur de me donner au bas d'une image, en remercîmen de mon épigramme :

Hæc duo pro multis, frater, tibi reddo minuta
Sed fluit è vena paupere largus amor.

Vous remarquerez un peu d'amour propre dans tout cecy, mais qu'est-ce qui en est exempt? Chacun est délicat sur ses productions, quelques petites qu'elles puissent être. Pardonnez-moi cette délicatesse.

FR. ET. GOYEL, M. B.

(*Bibl. Nat.*, Fr. 19639, f°s 137 et 138.)

54

M. Marquette à D. Thierry Ruinart (1).

A Laon, le 14 avril 1708.

Mon Révérend Père,

Le Révérend Père prieur de St-Jean m'ayant fait conoitre que ie vous ferois plaisirs de vous envoier quelques lettres que iay du Révérend père Mabillon, je vous asseure que ie m'en fais à moy même beaucoup de vous satisfaire en cela, et de vous remettre touttes celles sans exception que ce très pieux et très sçavant homme m'a fait lhonneur de m'écrire pendant sa vie; ie ne puis, mon Révérend père, les confier à une personne plus seure et qui en sçaura faire un meilleur usage que vous qui avé esté son plus intime amis, et la personne qui a eue le plus de rapport avec luy en tout; iaurois fort souhaité tirer plus d'avantage que ie n'ay fait des grands exemples d'humilité et de charité qu'il m'a donné dans le tems que iay eue l'honneur de le pratiquer, mais c'est Dieu seul qui fait les saints, il y a tout lieu de croire qu'il est de ce nombre ; le

(1) M. Marquette, l'ainé, Conseiller au présidial de Laon, avait été en relations suivies avec Mabillon.

père prieur vous rendra ces lettre qui sont dans un paquet en main propre, je vous asseure que personne ne les aura vue que vous et moy, à l'esception d'une que ie luy ay lû, qui est selon moy la plus ædifiante; je souhaiterois de tout mon cœur avoir d'autres occasions de vous rendre service et de vous faire conoitre que personne n'est plus véritablement et avec plus de respect que ie suis,

Mon Révérend père,

Votre très humble et très obeissant serviteur,

MARQUETTE,

l'ainé, conseiller au présidial.

(Suscription) Au Révérend, le Révérend Père domp Thierry Ruinard, à Saint-Germain-des-Prez, à Paris.

(*Bibliothèque Nationale*, Fr. 19639 f° 219.

55

Th. Inese à D. Ruinart.

†

Mon Révérend Père,

Je ne croy pas que Milord duc de Perth fasse difficulté d'accorder à Mme de Caumartin une copie du tableau tel qu'il est de l'illustre défunt (D. Mabillon), mais je croy comme vous qu'il est bon de luy en écrire ou parler avant que d'envoyer le peintre. C'est pourquoy j'écris dans le moment à mon frère pour en parler à Milord, et nous pouvons avoir réponse mercredy au plus tard. Mon frère ne manquera d'y rendre tout le service qu'il doit en considération de M. l'abbé Caumartin qui est dans notre voisinage. Peut-estre que Mylord duc s'attendroit que vous luy écriviez en cette occasion, quoique j'ay desja fait votre apologie par deux fois, soit l'accablement ou vous vous trouvez dans un si triste incident. Je vous supplie toujours de ne pas oublier la lettre pour M. Vallace, que vous m'avez promis et, afin que vous ne l'abrégiez pas, je ne viendray la chercher jusqu'à mercredy ou jeudy, selon la réponse que nous aurons de St-Germain. Je suis avec un profond respect,

Mon Révérend Père,

Votre très humble et très obéissant serviteur.

THO. INESE.

Lundy à midi.

Je vous souhaitte la consolation du ciel et toute sorte de consolations pour cette nouvelle année.

Adresse : A Mon Révérend Père,
le Révérend Père dom Thierry
RUINART,
à l'abbaye de St-Germain.

56

Th. Inese à D. Ruinart.

†

Mercredy après midy.

Mon Révérend Père,

Je viens de recevoir tout présentement réponse de St-Germain, et je venois pour avoir l'honneur de vous dire que Mylord duc de Perth veut bien accorder à Madame de Caumartin une copie du portrait de son illustre et incomparable ami, ainsi le peintre peut prendre son temps pour aller à St Germain, avec tout ce qui luy faut pour le copier. Mais Mylord souhaitte en même temps qu'on luy accorde aussi la liberté de faire prendre une copie pour luy même du buste qui a été fait après sa mort. Je souhaitterois et je croy qu'il seroit à propos que vous écriviez à Mylord par le peintre et que vous voulussiez bien luy donner quelque petit détail de la mort de son aimable ami : mais cela ne dispensera de celle que vous m'avez promis pour M. Wallace, que j'en n'everray quérir demain matin; en attendant je suis avec un profond respect,

Mon Révérend Père,

Votre très humble et très obéissant serviteur,

THO. INESE.

Mon frère vous salue très respectueusement.

Adresse : A mon Révérend Père dom Thierry Ruinart.

Le duc de Perth à D. Ruinart.

P. S. J'ay trop de considération pour monsieur l'abbé de Caumartin de refuser ce que madame Caumartin demande pour coppier le portrait de mon très cher père défunct, si j'auray une inclination de le refuser d'aillieurs ; mais je suis prest d'en donner des coppies à tout le monde pour faire honneur à la mémoire de dom Mabillon.

Lettre du même indiquant que le P. général se refusait au 18 août 1708 à l'impression de la vie de Mabillon, manuscrit de D. Ruinart, mais qu'il triompha de son refus.

(*Bibliothèque Nationale*, Fr. 19639, f°s 159, 162 et 230.)

57

D. Daret à D. Ruinart.

Pax Christi.

Mon Révérend Père,

J'ay trouvé dans nos ballots l'Abrégé de l'histoire de notre monastère, avec la lettre dont votre Révérence m'honore, dont la date est du 25e janvier. Je suis bien fâché des contretems qui l'ont tant retardée; je me serois plûtôt appliqué à ce que vôtre Révérence désire de moy. Je m'en vais employer le peu de tems qui me reste à demeurer ici, à travailler sur nôtre histoire. Je ne prétens pas faire un corps d'histoire, mais je me contenterai de copier des transactions etc., pour vous les envoyer. Nous n'avons plus les originaux, mais nous en avons des copies écrites de la propre main de Mr Moreau, abbé de St-Josse et mort évêque d'Arras. Dom Robert Wiard a pu voir les originaux (1). On dit qu'en l'année 1688, M. de Berci, maitre des requestes, envoyé par Sa Majesté pour examiner les privileges et les titres des communautés qui se trouvent sur les côtes de la mer, s'est fait représenter nos originaux qu'il a retenus, sans qu'on ait pû les ravoir. Nous conservons encore les deux légendes Mss. dont Mr Abelly fait mention; j'en copierai tout ce que vôtre Révérence me marque, et je tâcherai de lui donner une entière satisfaction. Je me recommande à vos ss. sacrifices et prières, et suis avec beaucoup d'estime et de considération,

Mon Révérend Père,

Votre très humble et très affectionné confrère,

FR. JEAN DARET M. B.

A St Josse le 20 avril 1709.

Suscription : Au R. P. D. Thierry Ruinart, rel. bén. en l'abbaye de St Germain des Prez, à Paris.

(*Bibl. de Reims*, copie.)

58

D. Thierry Ruinart à M. le premier président Bouhier, à Dijon.

†

Monsieur

Je viens d'achever l'impression d'un Abrégé de la Vie de dom Jean Mabillon, j'en ay mis un exemplaire dans un paquet que l'on envoye au P. Prieur de St Benigne, qui aura l'honneur de vous le présenter de ma part. Je m'estimeroy heureux si ce petit ouvrage mérite votre approba-

(1) Ce religieux a composé une histoire de l'abbaye de Saint-Josse-sur-Mer, qui est conservée à la Bibliothèque Nationale, mss. latin 12889.

tion ; au moins j'espère que vous excuserez ma bonne volonté, qui m'a peut être rendu trop présomptueux. Mais j'ay cru devoir rendre compte au public de plusieurs particularitez qui regardent ce grand homme, et que personne ne sçavoit. Je suis avec un très profond respect,

Monsieur,

Votre très humble et obéissant serviteur,

FR. J. THIERRY RUINART, M. B.

A Paris de l'abbaye de St Germain des Prés le 5 may 1709.

(*Billet autographe*, écrit sur le recto et le verso du feuillet dans la partie inférieure de la page, sans endoss., vraisemblablement adressé au président Bouhier, à Dijon. — Pièce originale à la Bibliothèque de Reims.)

Lettre acquise 15 fr. pour la Bibl. de Reims, par M. Loriquet, à une vente d'autographes à Paris, vers 1870, copiée le 25 février 1886.

59

Le président Bouhier à D. Ruinart (1).

Il y a longtems, Mon Révérend Père, que j'aurois eu l'honneur de vous remercier de la belle vie du R. P. dom Jean Mabillon, que vous avez eu la bonté de m'envoyer, si je n'avois voulu auparavant en attendre l'arrivée, et en faire la lecture. Je ne puis vous exprimer le plaisir que m'a fait le récit des actions de ce grand homme et le portrait fidelle que vous nous avez tracé de ses rares vertus. Sa mémoire ne peut manquer d'estre éternellement en vénération à tous les gens de lettres, et surtout à ceux qui comme moi ont eu le bonheur de le connoistre. Vous pouvez juger par là de l'obligation qu'on vous a du beau monument que vous venez de dresser à sa gloire, et de celle que je vous ai en particulier d'avoir bien voulu m'en faire part. Je puis vous assurer que j'en conserverai toute ma vie une extrême reconnaissance, et qu'on ne peut estre avec une estime et une considération plus parfaite que je le suis,

(1) Réponse à l'envoi de l'abrégé de la vie de Mabillon, avec lequel Bouhier avait eu de nombreuses relations.

Mon Révérend Pere, vostre très humble et très obéissant serviteur,

LE P. BOUHIER.

Dijon ce 14 juin 1709.

Permettez-moi d'assurer ici le R. P. dom Bernard de Montfaucon de mes obéissances très humbles.

(*Bibliothèque Nationale*, Fr. 19639, f°. 40.)

60

Le chancelier Daguesseau à D. Ruinart.

A Paris, 13 juin 1709.

Il me semble mon Révérend Père, que M[r] vostre frère est présentement grand garde des marchans ou fabriquans de Rheims, et qu'il ne s'agit pas de le faire eslire, mais de le faire continuer, mais comme je ne suis pas certain de ce fait, je vous prie de me mander ce qui en est, afin qu'on puisse parler correctement dans la lettre qui sera écrite ; et si M[r] vostre frère est sorti de charge il est bon que je scache aussi depuis quel temps, car je crois que ces élections ne se font que de deux ans en deux ans. J'attens vostre réponse par ce porteur et suis, Mon Révérend Père, vostre très humble et très obéissant serviteur,

DAGUESSEAU.

(*l'adresse porte*) :

Au très reverend Le Révérend père dom Thierry Ruinard, à l'abbaye St-Germain.

(*Bibliothèque Nationale*, Fr. 19665, f°. 212 bis.)

61

Le chancelier Daguesseau à D. Ruinart.

A Paris, 29 juin 1709

J'ay receu Mon Reverend père, l'imprimé de l'arrest du 2 avril 1702 que vous avez pris la peine de 'm'envoyer. Je croiois quand on m'en parla que c'estoit un arrest qui regardoit particulierement les manufactures de Rheims, mais j'ay veu que c'est un arrest général pour beaucoup d'autres fabriques, et que j'ay depuis le temps qu'il a esté rendu. Je ne laisse pas de vous en faire mes remerciemens, mais je voudrais bien scavoir au vray quel a esté l'effet de cet arrest, et si depuis qu'il a esté rendu, la fabrique des étoffes s'y est augmentée considérablement en sorte qu'il en soit sorti tous les ans une quantité bien plus considérable qu'auparavant. Je vous prie, quand vous ecrirez à M[r] vostre frere, de lui en demander l'éclaircissement et de me le faire scavoir ensuite. Je suis cependant tres sincerement, Mon Révérend pere, vostre tres humble et tres obéissant serviteur,

DAGUESSEAU.

(*l'adresse porte*) : A mon Reverend,
Le Révérend père dom Thierry Ruinard à l'abbaye de St-Germain, a Paris.

(*Bibliothèque Nationale.* Fr. 19665, f° 213.)

Cette pièce a été transcrite, comme la précédente, par Léon Le Grand, archiviste paléographe. — octobre 1885.

62

Jean Mabillon, parent de dom Mabillon, à D. Ruinart.

Mon Révérend Père,

J'ay reçu enfin le prétieux volume que Votre Révérence m'a fait l'honneur de m'envoyer, dont je luy rends mes très humbles actions de graces. Vous pouvez juger du plaisir que m'en fait la lecture par le respectueux attachement que j'avois pour celuy qui en fait sujet et pour celuy qui en est l'autheur. Monseigneur en est charmé, il la lu de suite aussytost que j'ai eu l'honneur de luy remettre de votre part, et il le trouve écrit d'une manière également délicate et édifiante. Vous avez jugé à propos de mettre un lambeau de la lettre que j'ai l'honneur d'écrire à Madame de Caumartin. Je n'aurois jamais cru qu'une lettre écrite avec tant de désordre dû passer jusqu'à vous, n'y encore moins que vous daignassiez en emprunter quelques parolles pour les insérer dans votre ouvrage ; je vous en suis néanmoins obligé, cela prouvera votre bonté pour moy et ma reconnaissance envers celuy qui a daigne m'instruire si dignement dans les derniers momens de sa vie. Je n'oublieray jamais aussi l'ordre qu'il m'a donné de vous regarder, mon Révérend Père, comme un autre luy mesme, et je ne négligeray rien pour vous témoigner mon respect et ma reconnoissance, trop heureux si vous daignez vous souvenir de moy à cause de luy : oserai-je vous demander des nouvelles de Monsieur Ruinart, daignez s'il vous plait luy présenter mes respects quand vous luy écrirez, aussy bien qu'a messieurs Du Guet, de Targny, Anquetil et aux R. R. Père Guenié, Daret et à Madame de Caumartin et à Madame la marquise de Gesvres, à Monsieur Baluze.

Je me recommande à vos saints sacrifices, et j'ose vous demander la continuation de l'honneur de votre bienveillance, vous ne pouvez l'accorder à personne au monde qui soit plus que je suis avec respect et reconnoissance,

Mon révérend Père
de votre Révérence,
Le très humble et très obéissant serviteur,

MABILLON.

A St-Lizier, le 29 juillet (1709)

(*Bibliothèque Nationale*, Fr. 19639, f° 211.)

Lettre de remerciement pour l'envoi de la vie de Mabillon, écrite par un neveu à la mode de Bretagne du célèbre bénédictin, et datée par lui de Saint-Lizier (Ariége.) Cette petite ville était le siège de l'évêche de Conserans, occupé alors par Isaac-Jacques de Verthamont, qui appartenait à la congrégation de l'Oratoire (*Gallia Christiana*, t I. col. 1143). Le jeune Mabillon parait avoir rempli à cette époque les fonctions de secrétaire de ce prélat ; il fut ensuite curé de Thibie (Marne), et mourut curé de Louvemont (Haute-Marne), le 29 janvier 1756. — Il est question de ce neveu dans le billet suivant du cardinal de Bouillon :

Le Cardinal de Bouillon à M. Lefèvre, à Paris.

A Rouen ce 10e janvier 1708.

Quand vous passerez vers l'abbaye de St Germain des prés, allez y pour voir de ma part le P. D. Thierry Ruinard, pour sçavoir l'état de sa santé qui m'est très chère, sçavoir si je puis luy être bon à rien, et s'il a receu la lettre que je luy ay écritte au sujet de notre commune douleur de la mort du méritant Père D. Jean Mabillon, qu'on m'a dit avoir un neveu ecclésiastique, que je souhaitte qui soit présenté à mes neveux d'Auvergne, afin que dans l'occasion ou eux ou moy puissions, en la personne de ce neveu ecclésiastique, qu'on m'a affirmé avoir du mérite, reconnoître l'incomparable mérite de son digne et saint oncle, auquel la Gazette de France n'a fait que luy rendre la justice qui luy est deüe, et que tout homme d'honneur et de probité ne peut lui refuser.

LE CARDINAL DE BOUILLON.

(*Bibl. Nat.*, Fr. 19639, f° 44, en copie dans les papiers de D. Ruinart.)

Nous ne pouvons clore plus utilement cette série de lettres qu'en donnant la liste de tous les ouvrages et recueils imprimés qui, à notre connaissance, renferment d'autres pièces plus ou moins nombreuses de la correspondance de Mabillon et de Thierry Ruinart :

Œuvres posthumes de D. Mabillon et de D. Ruinart, Paris, 1724, t. I, p. 427 à 555.

Abrégé de la vie de D. Mabillon, Paris, 1709, p. 216.

Œuvres de Bossuet, édition de D. Déforis, *Lettres*, t. IX, p. 69, etc., édition de Versailles, 1818, t XXXVII, p. 339, XXXVIII et XLII, *passim*.

Correspondance inédite de Mabillon et de Montfaucon avec l'Italie.. par Valery, 3 vol in-8°, Paris, 1847.

Archives des Missions scientifiques et littéraires, rapports suivis de lettres publiees par M. Dantier, t. VI, p. 241 à 502.

Histoire de D. Mabillon et de la Congrégation de Saint-Maur, par Chavin de Malan, in-12, Paris, 1843, p. 271, 285, 330, 360, 385, 435, 442 et 489.

Lettres de l'abbé de Rancé, par M. Gonod, Paris, 1846, V. Table.

Histoire de l'abbé de Rancé, par l'abbé Dubois, Paris, 1869, t. II, p. 293, etc.

L'abbé de Louvois, par l'abbé Gillet, Paris, 1884, p. 152.

Le Monasticon Gallicanum, par L. Courajod, Paris, 1869, p. 7.

Opuscules de Grégoire de Tours, par H. Bordier, Société de l'Histoire de France, 1857, t. I, *préface*, et p. 395 (3 lettres).

Travaux de l'Académie de Reims, t. XLVII, p. 294, (papiers de Bouillon), et t. LXIV, p. 223 (jeunesse de Mabillon à Reims).

Bulletin de la Société académique de Laon, 1879-80, t. XXIV, p. 30 (lettre au prieur de St-Thierry, sur la méthode de l'histoire).

Revue de la Société des Etudes historiques, 1885, 4e série, t. III, p. 335 à 352 (correspondance relative aux prisons monastiques).

Mémoires de la Société des Antiquaires de France, 1884, t. XLV, p. 187 (lettre de Mabillon adressée à D. Pierre Misson et non *Michon*).

Bulletin de la Société des Antiquaires de l'Ouest, 2e trimestre de 1884, p. 294 (lettre à D. Navières, avec commentaire par Mgr Barbier de Montault).

Bulletin de la Société de l'Histoire de France, année 1839, octobre, p. 5 (lettre au même).

Le Cabinet Historique, Mars-Avril 1883, n° 2, p. 116 à 120 (sept lettres tirées des papiers de Noailles).

Revue de Champagne et de Brie, septembre 1878, p. 836, et août 1884, p. 184 (lettres très intéressantes sur les travaux bénédictins).

Le Bibliophile français, 1870, t. IV, p. 557.

Le Contemporain, 1er février 1878, p. 297 à 320 (documents sur les origines de la Diplomatique, par M. E. Babelon).

Catalogue des documents historiques, par Charavay, Novembre 1885, n° 3 (lettre de recommandation donnée à Mabillon par Robert Gravel, seigneur de Marly, ambassadeur de France en Suisse, Bade, 23 juillet 1683).

Bulletin monumental, 1885, t. LI, p. 493 (relations de Mabillon avec son pays natal).

Le Cabinet des Manuscrits de la Bibliothèque Nationale, par Léopold Delisle, in-4° 1874, t. I, p. 395, t. II, p. 65, etc.

FIN.

TABLE DES MATIÈRES

APPENDICE

TABLE DES PLANCHES

TABLE

DES

NOMS DE LIEUX & DE PERSONNES

CITÉS DANS L'OUVRAGE

A

B

G

H

I J

L

R

S

T

U V W

Imp. coop. de Reims (N. Monce, del.)

www.ingramcontent.com/pod-product-compliance
Ingram Content Group UK Ltd.
Pitfield, Milton Keynes, MK11 3LW, UK
UKHW022059260726
13993UKWH00001B/220

9 782329 310039